U0676568

电视产业观

DIANSHI CHANYEGUAN

刘 珊 王 薇 编著

东北林業大学出版社
Northeast Forestry University Press
·哈尔滨·

图书在版编目（CIP）数据

新电视产业观／刘珊，王薇编著．—哈尔滨：
东北林业大学出版社，2016.12（2025.4重印）

　　ISBN 978－7－5674－1006－0

　　Ⅰ．①新… Ⅱ．①刘… ②王… Ⅲ．①电视事业—
研究—中国 Ⅳ．①G229.2

　　中国版本图书馆 CIP 数据核字（2017）第 015604 号

责任编辑：赵　侠　姚大彬
封面设计：宗彦辉
出版发行：东北林业大学出版社
　　　　　　（哈尔滨市香坊区哈平六道街 6 号　邮编：150040）
印　　装：三河市天润建兴印务有限公司
开　　本：710 mm×1 000 mm　1/16
印　　张：12.5
字　　数：186 千字
版　　次：2017 年 10 月第 1 版
印　　次：2025年 4 月第 3 次印刷
定　　价：58.80 元

前　　言

自英国人贝尔德发明了最原始的电视机以来，90余年的时间里，电视历经变革，从黑白到彩色，从模拟到数字，从标清到高清，从2D到3D，现在又走到了智能化的拐点。毋庸置疑的是，电视的智能化已是必由之路，而由此所引发的变革和产业力量的博弈，也开始轰轰烈烈地上演。

在这场新的力量博弈中，广播电视台掌握着内容资源，有牌照，有内容，有网络，也有近十年新媒体探索的积累和激情；家电企业更是雄心勃勃，想借此打一场漂亮的翻身仗，进军应用服务业，彻底摆脱低端制造业的阴影；IT巨头们携带强势操作系统和全产业链运作模式，试图在电视领域复制手机智能化领域的传奇……一场豪门博弈已经展开。

过去几年间，手机在智能化道路上的快速发展也让人们对电视的未来充满无限遐想。在电视智能化的浪潮中，新电视业态逐渐形成，产业版图如何描画，参与机构都是何方神圣，在全新的产业结构中，传统广播电视台如何应对，如何发展……这些新局面与新挑战都值得媒体人认真探讨与研究。

目　　录

第一章　新电视产业版图 ……………………………………… 1

　第一节　新电视王国版图重构 ……………………………… 1

　第二节　三方较量：广电、家电、IT ……………………… 9

　第三节　新电视产业改变传统广电的经营发展环境 ……… 23

第二章　新电视产业特征 …………………………………… 50

　第一节　新电视机构的内容运营：四个核心环节 ………… 50

　第二节　新电视的商业经营：广告、版权、用户付费与终端运营 …… 72

　第三节　新电视、大视频，内容评估与交易新需求 ……… 99

　第四节　机构案例：康卡斯特（Comcast）的融合变革 ………… 107

　第五节　机构案例：法国电信集团 Orange，融合品牌的进阶之路 …… 119

　第六节　机构案例：Netflix，全球化内容服务商的融合思维 ……… 128

第三章　广电业的革新之路 ………………………………… 140

　第一节　以 TVOS 创未来 ………………………………… 140

　第二节　以融合创未来 …………………………………… 149

第三节　以内容银行模式重建评估与交易秩序 ……………… 156

第四节　机构案例：TVOS 2.0 的"上海模式"
　　　　——专访东方有线网络有限公司副总经理张健 …………… 164

第五节　机构案例：湖南模式再创新，引领 TVOS 新时代
　　　　——专访湖南有线电视网络集团总经理王志林 …………… 173

第六节　机构案例：华数模式，从新电视到新平台 …………… 177

第七节　机构案例：从芒果 TV 看湖南广电融合布局 …………… 186

第一章 新电视产业版图

第一节 新电视王国版图重构

早在 2012 年前后，美国就有研究机构抛出了一组让人兴奋的数据：全球新电视产业的市场空间已经高达 5 000 亿美元，其中，电视收视费市场有 2 180 亿美元，电视广告市场有 1 900 亿美元，各类电视机销售有 750 亿美元。市场研究机构 Wits View 的报告显示，2014 年全球液晶电视机市场出货量约 2.15 亿台，年增长率约为 5.4%，智能液晶电视渗透率达 36%。据国际咨询机构 Display Search 统计，2014 年全球智能电视机出货量达 7 600万台，渗透率达 36%。2012 年至 2014 年，全球智能电视机年均增速在 30% 以上。

在传统电视收视饱受新媒体挑战的今天，电视产业依然是如此庞大的一座金矿，难怪有那么多行业对其虎视眈眈。尤其是在电视开始走向智能化的今天，各方力量正在发生着前所未有的变革。广播电视台（简称广电）、家电企业、IT 企业、其他相关业者，都在以自己的姿态涉足这一领域，人们熟悉的电视业版图已经变得不再那么清晰，电视王国进入重新建构的时期。

一、电视，不再只是电视

电视自产生之日起，就一直处在不断创新和变革之中，而当前所面临的智能化变革，无疑是根本性的一次。智能化让电视有了独立的芯片和操作系统，如此一来它将不再只是一个电视信号的接收机，而是能够直接提供各种应用的家庭娱乐中心。此时，参与电视产业的各个角色及其地位也随之发生了变化。

现在，老百姓要在家里看到电视节目，主要通过两种方式：有线电视、交互式网络电视。对于这两种产业来说，广电都处于核心地位。电视台提供内容，拥有内容集成播控权，有线网运营商、电信运营商提供运营和网络支持，而作为终端的电视机则由用户自行购买，跟收视情况无关。

在智能电视的产业链中，产业链上的参与角色变得纷繁复杂，相互之间的关系也更加多元化。在这里，制片方、电视台等内容提供者既可以通过内容集成机构和网络将内容传输到终端，也可以将内容直接存进应用商店里推送给用户；而海量应用开发者也可以通过应用商店获得内容，极大地丰富了终端所能提供的服务类型，直观体现电视的智能化。

此时，电视台作为内容的源头，就摆脱了网络的局限，通过跟电视机厂商或操作系统供应商合作，直接触及用户。而终端厂商也从制造者升级到了应用服务提供商，操作系统更是从后台走向前台，成为用户选择服务的重要考虑因素，用户也不再只是接收信号，更可以自己主动到应用商店里去选择丰富的应用。而网络服务提供商则失去了对产业的控制，扮演了基础服务角色，用户可以在各种类型的宽带网络中自由选择网络服务提供商。

由此可见，智能电视彻底改变了电视的产业格局，它引入了新的参与者，同时改变着既有从业者的角色地位，各方力量在这一新战场上的博弈大幕正在徐徐开启。

二、广电机构，垄断优势终结后如何安身立命

过去，看电视只能通过电视机、有线网，这种垄断资源所造就的优势地位给广电机构带来了高收视率和高额广告费，从而给广电机构带来了几十年的黄金时代。但是，随着数字化、网络化的发展，传统电视业已经受到了严峻挑战，而此次袭来的电视机终端智能化的浪潮，更是一次根本性的颠覆。

（一）广电的危机

电视智能化以后，受到直接冲击的莫过于有线网。智能电视允许用户直接通过互联网下载各种应用，看电视、玩游戏、购物、教育、炒股……统统都可以直接通过互联网完成，从而避开了有线网，此时，传统的有线网接入业务不再是用户的必然选择，垄断被终结。

电视台也会受到一定的影响。现在，电视台是电视节目的唯一来源，而在智能电视里，用户坐在电视机前却很有可能不是在看电视，而是在打游戏、购物、聊天，等等。即使是在看电视，也有可能不是看直播，而是看回放、点播、录播，这都会极大降低电视收视率以及广告的价值。

如果广电机构不能适时进行调整，依然延续既有的资源垄断思维模式，那么，当政策保护松动之后，广电将何去何从？一个足以引起警醒的例子来自通信运营领域。在过去十年间，中国移动一直在依赖语音和流量费生存，虽然中国移动意识到了移动互联网的到来，也早早开始提供"移动梦网"和各类手机媒体业务，但是它采取的一直是垄断的做法，与其他企业的合作从来都是拿利润大头，流量费分成就足以让其大获其利。而随着移动互联网和智能终端的快速崛起，中国移动的绝对优势地位正在削弱，越来越多的应用服务在移动互联网平台上赚得盆满钵满。而中国移动的收入依然仅仅停留在依靠流量费的模式中，类似QQ之类的强势应用更是让中国移动彻底沦为管道，被寄予厚望的应用商店"移动MM"也没有太大起色。

即使是像中国移动这样的企业，在移动互联网大潮中也会因转型慢而被边缘化。那么，在电视智能化的过程中，广电是不是也会遭遇同样的尴尬？有线网沦为管道商，电视台成为众多应用开发者中的一个，这样的局面，估计任何广电人都不想看到。

（二）广电的机遇

那么，广电是不是就只有被动挨打的份呢？显然也不是，任何危机同样也意味着机遇。对于那些及时调整战略战术的广电机构来说，智能电视无疑是一次新的机遇。

对于有线网来说，一些地方的有线网运营商通过网络升级改造，开始提供互联网电视网络服务。有线网提供电视接入服务有先天优势，它覆盖率高、渗透率强，每套房子都预留有线接口，便于用户接收。同时，有线网更容易满足用户收看高清晰度电视节目的要求。重庆有线规划院院长张勇表示，重庆有线已实现 100 万户的高清互动用户的接入，其中互联网入户带宽达到了 2 MB，从而能够很好地满足互联网电视的接入需求。

此外，广电机构也纷纷进军智能电视领域，从网络、内容、终端到平台，开始了智能电视全产业链的布局。百视通、华数、东方有线、天威视讯等均开始了这方面的布局。以东方有线为例，为了降低有线电视用户的退网率，增强用户黏着度，东方有线采取了诸多措施。第一方面，加快推进全市一体化 NGB 建设，建成覆盖全市的城市光网；第二方面，大力发展智能电视终端，继续推进高清后的业务和各类高清终端发送，加快开放智能终端；第三方面，还利用云技术优势，建设智能电视融合门户云视频平台，提供丰富的应用服务，提升用户体验。如此一来，广电就可以为用户提供一站式的服务，从而继续增强对用户的黏着度。

内容的优势则是广电更为核心的资源。在过去十年的数字化历程中，不仅仅是电视台，还包括一些有线网运营商，都在新媒体内容的集成、制作、策划、分发等方面积累了大量经验和资源，而智能电视的发展，又为之提供了更多内容通路，进一步拓宽了广电内容的传播覆盖范围，提升了产业影响力。

对于我国的广电机构来说，在智能电视领域还有一个独有的优势，那就是内容集成播控牌照。受到国情影响，在相当长的时间里，我国在智能电视领域，视音频内容的集成播控都将由广电机构负责，这也就为广电机构提供了一定的政策优势。

在 5 000 亿美元的电视市场，广电是传统的优势强者。现在，面对智能化的电视市场，广电需要做的是如何自我再造，通过内容、网络和终端、服务平台的结合，理顺生产关系，从而提升生产力。这既是广电最大的一次机会，也有可能是最后一次机会。如果这次机会再被错失，那广电就真的要被边缘化了。

三、家电企业，智能化就能提升产业地位吗

在很大意义上，家电企业可以说是智能化电视的最大推手。作为电子制造业的彩电产业，一直以来都处于电视产业的下游，早已陷入了产品同质化、利润微薄的窘境。在我国，即使是海尔、长虹、海信、康佳、TCL 这样的彩电业企业，每年销售收入达几百亿元，但利润却只有几亿元、十几亿元。产业升级带来了提升利润空间的内在动力，家电企业进军智能化电视的动力十足。早在 2008～2009 年，就有各种类型的互联网电视问世，家电企业甚至投入资金自建内容网站。随后，互联网电视的内容遭遇牌照限制，家电企业通过与广电合作，正式开始了全面推进互联网电视的时代。

随着互联网电视的深入发展，家电企业也加大了在智能电视方面的布局。据权威电子行业研究机构 IMS Research 报告指出，2011 年全球范围内大约有 1/4 的电视机可以接入互联网，2016 年这一比例达到 70%。在我国，主流家电企业都已经加入了智能电视的时代，如长虹的多屏互动高清智能 3D 电视、TCL 的超级智能互联网云电视、康佳的网锐智能健康 3D 电视、创维的酷开智能 3D 电视……整个市场呈现出一片热火朝天的景象。

借互联网电视的契机，家电企业就可以从单纯的制造业转变为信息产品提供者，通过不断更新下载的应用，牢牢把用户锁定在电视机前，增强对电视的黏着度，从而也就达到了增加盈利模式、扩展生存空间的目标。苹果公司利用这一模式在移动智能终端领域的巨大成功更是给了家电企业极大的鼓舞。人们相信，智能化将给已经老化的家电企业带来新生机。

慢着！难道现在电视机的智能化能够在家电中复制出一个苹果公司吗？我们看到，"苹果"的成功绝非来自苹果手机的生产制造，而是来自其背后强大的操作系统、应用软件及由此所搭建起来的全新生态系统。反观我们现在的家电企业，虽然纷纷推出智能化产品，但是，一则因为缺乏强有力的具有自主知识产权的操作系统，安卓系统成为目前众多家电企业的首选；二则因为缺乏对应用程序开发者的吸引力，消费者买回智能电视后发现没有多少应用可以下载；三则因为缺乏对整个行业的掌控，商业模式尚未清晰。试问这样的智能电视，如何能够真正成为新行业的领头羊？

从这个角度来说，当前家电企业以智能化为重要发展战略是必由之路，但在智能化的道路上需要思考的问题还很多，绝不是冠以智能化的口号、生产几款产品就可以实现智能化的跨越。如何才能找到自己在智能化领域的核心竞争力？今天可以免费使用安卓系统，明天离开安卓系统还能自立吗？如何吸引上、下游的企业建立完善的产业链？如何引入更多应用，如何优化用户体验？这些问题，对于习惯于造机器的家电企业来说，都将是需要慎重考虑的课题。

四、IT 企业，能否复制手机领域的传奇

智能电视领域的另一支重要力量来自 IT 企业，典型者如谷歌、苹果。在手机和平板电脑的智能化过程中，它们通过操作系统和应用商店模式牢牢控制了整个产业的话语权。目前，全球的智能移动终端中绝大多数来自谷歌的安卓系统和苹果的 iOS。同时，开放平台的应用商店模式把来自全球的开发者都积聚起来，每天都有几十款新应用上线，面向全球市场提供

服务。现在，它们的目光又集中到了智能电视领域。

一方面，它们把手机和平板电脑领域的"操作系统＋应用商店"模式移植到了电视领域。在我国，现在绝大多数的智能电视机和机顶盒采用的都是安卓系统。由于操作系统采用了安卓系统，自然而然地，电视机上的应用也是基于安卓系统开发的。

另一方面，通过谷歌 TV、苹果 TV，它们在试图打造另一个完整的系统。谷歌 TV 自 2011 年 10 月上线以来，逐渐形成了以系统为支持、内容为载体、硬件做配合的完整架构，并且融入谷歌原有互联网产品，由此成为全球智能电视领域革新者中的佼佼者。这个模式并不新鲜，依然是在延续手机领域的思维模式。

我们有理由相信谷歌、苹果或者三星之类的企业，有可能在智能电视领域取得新的成功。但是，是不是延续手机领域的模式就可以呢？众所周知，电视的使用习惯与手机、平板电脑迥异，大屏幕、远程遥控、后仰式休闲，这都是手机和平板电脑所不具备的优势。而现在的智能电视应用中，更多的还只是简单移植手机上的应用，专门为电视开发的应用还很少，即使是现在号称全球电视应用量最大的三星，其应用商店里也只有 1 000 多款应用，这与智能手机和平板电脑动辄几十万个的应用相比，实在少之又少。

另外，从用户的内容需求来看，目前手机和平板电脑上的应用最多的是游戏，而对于电视机来说，用户最多的需求依然是视频，尤其是高清视频，而这些，显然是 IT 企业的弱项。谷歌 TV 就频频遭到老牌电视巨头的联合抵制。

看来"复制""粘贴"在智能电视领域很难行得通，这些 IT 巨头们要学会电视行业的思维模式，或许还需要一段距离。

五、其他相关服务商，何时入场才合适

电视的智能化也催生了一系列周边服务商，包括应用程序开发者、辅助技术（语音搜索、体感识别等）开发者等。对于这些企业来说，电视智能化有可能是这些企业诞生的直接促因，也可以说是电视智能化为它们提供了新的发展领域。

对于应用程序开发者来说，如果已经在手机、平板电脑上有成功的应用，虽然不能直接搬到电视屏幕上，但二次开发的成本显然要降低很多。而对于像语音搜索、体感识别这样的辅助技术开发商来说，智能电视的发展离不开这些技术的推动，智能电视的蓬勃发展也进一步催熟了这些企业。对于专业从事语音识别的科大讯飞公司来说，跟长虹等企业合作，为之提供智能电视中的语音搜索功能，就为公司开辟了一块新的领域。

对于这些新的从业者来说，智能电视无疑是一个良好的契机，问题在于入场的时机如何选择？为什么现在专门针对电视的应用程序很少？就是因为诸多开发者认为现在智能电视的用户还太少，专门开发带来的投入产出比太大，而且产业链不完善，操作系统没有标准，很有可能不同厂家甚至同一个厂家的前后产品，遵照不同的技术标准，这也给应用程序开发者带来了难度。

现在，智能电视市场才刚刚起步，过早进入智能电视市场的企业有可能抢占先机，更有可能成为先烈，晚进入的企业风险降低了同时也有可能错失一些机遇。要选择一个合适的时机，看来确实难度不小。表 1-1 是智能电视产业各方力量的优势劣势分析。

表 1-1 智能电视产业各方力量的优势劣势分析

主要博弈力量	主要涉足领域	优　势	劣　势
广　电	内容集成、播控、提供应用服务	内容资源、牌照、政策	垄断终结、缺乏市场意识和开放的能力、有线网遭遇更多竞争对手
家电厂家	智能电视机和机顶盒	市场化	缺乏核心竞争力、容易陷入价格竞争
IT 企业	操作系统	市场化、实力雄厚、有智能手机领域的经验和积累	不熟悉电视市场

第二节　三方较量：广电、家电、IT

当前，电视智能化的浪潮浩浩荡荡铺天盖地。一线家电企业倾巢而出，"云电视""智能电视""互联网电视"等新概念层出不穷；原本就是电视市场传统强者的广电派，在电视智能化道路上也是毫不逊色；而像谷歌、苹果这样的IT巨头，在缔造了互联网和手机市场的庞大帝国之后，也开始把手伸向了电视市场。

一、广电派力量：占领电视，才能掌控未来

随着3D电视、高清电视、互联网电视、智能电视、社交电视等电视终端的兴起，电视业务重新成为竞争焦点，丝毫不逊色于智能手机与平板电脑等其他移动终端。然而，在新一轮的电视业务风潮中，有传统的电视机硬件厂家，诸如三星、海尔、松下等；有互联网IT企业，比如谷歌、英特尔等；还有智能移动终端市场中的领先者，如苹果、联想等；甚至连宜家这样看似毫无关联的企业也加入了竞争行列。这些力量在改变着电视产业市场格局、竞争图谱的同时，也赋予了"电视"全新的意义与面貌。

在新电视时代，传统内容掌控者的广电力量是如何调整、如何改变的，如何适应新的游戏规则的，又是如何占据自身的发展空间的呢？这一系列问题成为我们今天关注的焦点（表1-2）。

表1-2　目前广电在新电视方面所做的积累与努力

已拥有的网络类型	有线网
	卫　星
	地面无线

续表

依托不同网络基础的电视形态细分类型	数字电视	有线数字电视
		卫星数字电视
		地面数字电视
	移动多媒体广播(手机电视)	
	互联网电视	
	IPTV	
	网络电视台	
已经介入生产的电视硬件设备	各类机顶盒(与厂商合作为主)、一体机(与厂商合作为主)	
	互联网电视(与厂商合作为主)	
	智能电视(百视通自有)	
各类电视业务形式	从表现形式角度分	标清、高清、3D 等
	从使用角度分	视频类(直播、点播、回放、时移等)
		图文类(各类生活资讯、关联推荐、政务服务等)
		应用类(游戏、娱乐、购物、在线支付、微博等)

（一）数字化发展为广电方实现新电视时代转型打下了重要基础

近年来广电方实施的数字化发展在"新电视"产业中已经做出了许多有益的尝试和努力，尤其在三网融合相关政策的推动之下，今后还将通过对实体网络的掌控、多样态电视业务类型的布局、实际用户数的不断增长而在新电视时代获得更大的发展空间。

1. 依托强大的网络基础布局多样态电视

通过十余年的数字化发展，突出全程全网、可管可控、互联网互通的NGB战略实施，逐渐实现双向进入的三网融合政策的推进，目前广电方已经构建起一张高覆盖度、立体化传播的实体网络。截至 2015 年年底，全国有线电视用户 2.39 亿户，有线数字电视用户 2.02 亿户，高清交互电视用户数突破 4 000 万。

伴随着网络整合力度的不断加大，我国广电方在实体网络方面的实力将逐步加强，而网络的发展带来的直接结果就是广电方多样态电视布局：有线数字电视、卫星数字电视、地面数字电视移动多媒体广播（相当于手机电视业务）、IPTV、互联网电视及智能电视等都因有了实体网络的依托而得以更好、更快地发展，帮助广电力量在新电视时代站稳脚跟。在以电视为终端的产业竞争中，网络即用户是大家不得不承认的事实：无论消费者选择了怎样的品牌，电视及背后连接的那根线才是重头。

2. 双向、互动、多元的电视内容与业务提升用户黏着度

当各方力量纷纷进入电视产业，为消费者提供难以计数的各类电视终端时，真正比拼的其实是电视背后的内容与业务。也许消费者都有猎奇与尝新的意愿，然而能够长久留住他们的仍然是软实力的黏着度。谷歌电视有自己的各种应用程序做基础，苹果公司有强大的操作系统及开放平台做后盾的竞争，广电方在网络之外拥有的最大优势仍然是内容。

因此，在业务与内容的提供上，这些年广电方已经成功地将"看"电视改变为"用"电视，为电视终端的用户提供了丰富多彩的、双向交互的业务与内容，彻底改变了原本线性的、直播的、生硬的内容传播模式。海量正版内容加上直播、点播、时移、购物、资讯服务、生活服务等多元服务，配合节目制播（制作播放）上高清与 3D 转型及相对低廉的收费，广电方已经通过机顶盒或一体机将电视机打造成了一个可以迅速普及的、全面的家庭娱乐与资讯终端。例如，北京歌华有线目前向用户提供 160 余套数字电视节目、万余小时的视频点播节目，数千首卡拉 OK，34 个频道的时移和回看，还有电视支付、电视挂号、社区资讯等几十种便民应用服务，涵盖了政治、经济、文化、社会、生态等多个领域。

"得用户者得天下"，这是眼下智能终端领域各方力量厮杀之后得出的真理，也同样会是新电视时代多方竞争的游戏准则。

（二）平台化运作思维才能力争下一个阶段的竞争优势

诚然，广电方在数字化的发展过程中已经积累了一定的优势，比如内容，比如在多个领域拥有的国家标准与专利。然而，当我们旁观当下智能移动终端领域的竞争时也能预见，新电视时代会有更多的角色、更强的企业进入市场的角逐，而广电方原本相对垄断、闭塞、带有较强保护性特色的生存方式也成为竞争的桎梏。当谷歌、联想、英特尔、苹果、三星、微软这些以技术起家的巨头纷纷进场之后，广电的技术优势、资源优势可能都会被打破。所以，唯有用开放的心态、平台化的运作、合作的方式打破刻板印象，尝试更多、拓展更多，才能更好地适应行业发展的要求。除了网络、内容、业务，新电视时代广电还能做什么？答案是应用、硬件及平台。

1. 新产品，新可能

在智能终端时代，各类应用程序与软件就是产品，所以将海量高质量的内容转变为新的产品，成为销售者而不是单纯的 SP（服务提供商），这是广电需要完成的重要转型。凤凰卫视推出的社交电视应用"卫视通"、上海新娱乐频道推出的两款电视节目互动应用"发动奇迹"和"挖宝达人"，就是这种应用转变的典型代表。

2. 新硬件，新优势

硬件相对更容易理解。目前广电方通常是用网络、技术和牌照与硬件厂商进行合作，如机顶盒、一体机、互联网电视等。但是下一步的发展也许可以更多地涉足硬件领域，生产拥有自主知识产权的电视终端产品。例如，近日百视通已成功自主研发出了高清 3D 智能云互联网电视机顶盒，这是国内首款高智能功能的同类产品，也是广电方拥有绝对控制权的硬件，可将目前国内存量电视机完成"智能化"改造。据悉，产品内置的"百视商店"也是首个为电视屏幕定制的应用商店。

3. 新平台，新力量

平台是网络时代开放性思维与运作模式的集中体现。TCL 集团董事长李东生认为：智能电视的应用和普及，考验的是软件、硬件、服务、体验于一体的综合优势。也许任何一方都不具备这种综合性的优势，但是如果是平台化的开放环境，让各方能够在这个平台充分发挥自身的优势，那么这个平台就会吸引越来越多的进入者，获得越来越大的力量。安卓平台、苹果商店的成功走的正是这样的道路。

对于广电方来说，为其他产业进入者提供双赢的机会正是平台打造的开始。例如，2012 年欧洲杯、伦敦奥运会期间，海尔电视作为 CCTV 新媒体重大事件报道指定产品，为广大体育迷展现了精彩的体育视听盛宴。2012 年 5 月 10 日，华数互联网电视开始与新浪微博合作，推出了电视微博新应用——在华数互联网电视页面上就能直接登录微博。

再看国外的例子，早在前几年，eBay 旗下在线支付部门 PayPal 就与有线电视公司康卡斯特和机顶盒制造商 TiVo 联手，允许电视观众使用遥控器通过电视机来捐款或购买商品。PayPal 方面称："TiVo 的互动广告一直都在给广告主一种方式来与观众进行沟通，现在与 PayPal 进行合作可提供一种简单的方式实现从广告和内容直接转到在电视上购买产品，从而将广告的有效性提升到一个新的水平。我们感谢这样的合作机会。"

二、家电厂商：智能化，才有新空间

2010 年 5 月，谷歌与索尼联手揭开了智能电视的序幕。对于消费者而言，智能电视可以让他们对着电视机"说话"，而且能够看到来自不同渠道的节目内容，包括你自己的私人视频库，这叫消费者如何不动心？

于是，智能电视迅速成为家电行业的最大热点，特别是步入 2012 年后，智能电视的概念被炒得火热。无论是日系品牌还是国产品牌，无论是传统电视厂商还是 IT 企业，都纷纷加入智能电视这一阵营。智能电视将成为业界的下一个重要战场。

　　随着三网融合政策的驱动和市场的成熟，开放软件平台下的智能电视将成为家庭多媒体中心和三网融合的重要载体，彩电业面临着新的转折点。无论是从内容还是从服务角度来看，智能电视都被誉为继手机、平板电脑之后的又一新型智能终端，被业界视为未来信息服务的重要载体。因为电视在智能化之后，它的功能实现了更广泛的延伸，除了用来接收节目之外，更是一块能实现各种软件操作的屏幕。因此，无论是国内电视机生产企业还是IT企业都积极推出智能电视，正是意欲在智能化的发展中抢先分得一块"蛋糕"，也彰显了国内彩电企业抢先推动"智能升级"的决心。

（一）新格局：IT厂商 vs 彩电厂商

　　对于传统电视厂商来说，要实现"智能化"的跨越，必须要在内容、技术上进行更多的探索和研发。也有业内人士认为，电视内容更新、互动、升级是实现智能电视脱胎换骨的方法，也是支撑智能电视占领市场份额的三大支柱。单就目前市面上已经发布的智能电视产品来看，基本具备了智能识别、海量应用、多屏互动这三大主要功能（图1-1）。

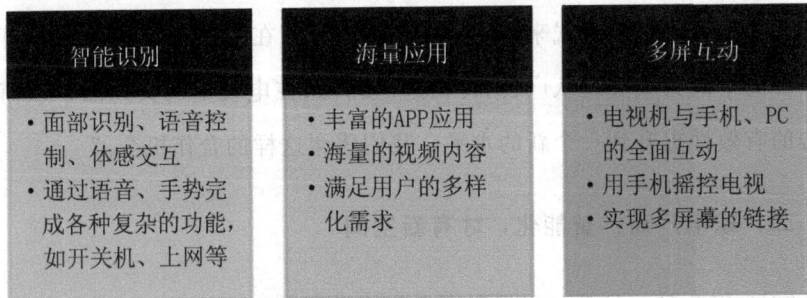

智能识别	海量应用	多屏互动
• 面部识别、语音控制、体感交互 • 通过语音、手势完成各种复杂的功能，如开关机、上网等	• 丰富的APP应用 • 海量的视频内容 • 满足用户的多样化需求	• 电视机与手机、PC的全面互动 • 用手机摇控电视 • 实现多屏幕的链接

图1-1　智能电视的主要功能

　　一般来说，每次新的技术亮相总会引发整个市场格局的新变化。智能电视更是如此，因为这是一场跨界的变换。如果说智能电视能够引发新一轮的行业洗牌，那么传统电视厂商也未必能顺利主导这场变革。电视作为家庭娱乐中心的地位正面临着严峻的挑战，单纯靠推出电视节目来吸引受众只会让受众越来越少。

　　而 IT 企业频频染指电视业务，其试图构建新家庭娱乐中心的目的显而易见。对于 IT 企业而言，其先天优势决定了其只需要实现从"智能"向"智能电视"的转变。也就是说，传统电视厂商除了面对同行业竞争外，还要与 IT 厂商"狭路相逢"，这无疑让智能电视的产业竞争格局愈加扑朔迷离。

（二）打造软硬件相结合的生态圈

　　技术的更新换代推动着这个时代从"传统电视"一步步跨入"智能电视"的时代，而在这个领域的核心竞争力也由传统的"硬件比拼"升级为"用户体验"的比拼，谁能提供更好的内容、更好的服务，谁就能占据竞争优势。

　　例如，海信智能电视采用的是"云＋端"的构建方式，通过海信应用商店为用户提供内容和应用。而作为国内 IT 龙头企业的联想集团虽然也支持"云＋端"的模式，但更强调"云"的重要性，对此，联想 MIDH（移动互联网和数字家庭业务集团）总裁刘军曾表示，海量 APP 应用和在线点播才是智能电视的核心竞争力。

　　联想的模式或许指出了在纷繁复杂的智能电视产品之中体现差异化的战略关键。正如智能手机和平板电脑那样，软件乃是推动智能电视向前发展的决定性力量。而智能电视的普及与开放式应用程序商店的发展密切相关，因为只有拥有更多实用的功能程序，才能最大限度地激发消费者的购买潜力。在看清这一点后，几乎所有的彩电企业都跨入开发开放式应用程序商店这一板块之中，各种应用程序商店竞相问世（表 1-3）。

　　此外，TCL、长虹、海信三家企业几乎占据国内电视领域半壁江山的企业开始抱团作战。三家电视企业成立的中国智能多媒体终端技术联盟（简称"中智盟"）发布了首个应用程序商店技术标准 SDK，并宣布与宽带资本共同推进设立智能多媒体创投基金。"中智盟"成立之后仅 3 个月就推出了首个标准，三家家电企业"迫不及待"的背后，则是家电产业对智能电视业务未来发展的渴望。

表 1-3　各厂商智能电视应用程序商店情况

品牌名称	智能电视应用程序商店概况
三星	2010 年启动的三星应用程序商店已有 380 个应用程序,并向全球 120 个国家提供服务
松下	面向电视、平板电脑的应用商店 VIERA Connect Market
TCL	自主开发的 Android＋Windows 系统的电视应用程序商店
海信	自主创新研发了 HiTV－OS 系统
康佳	搭载 Android 操作系统的智能 3D 电视——网锐 Android
长虹	智能家电软件平台"轩辕"是一个数字电视交互式平台,包括嵌入式操作系统、嵌入式中间件,形成一个多标准兼容、多协议融合和多业务集成的交互电视软件平台与相关标准规范
海尔	配备了 Android 智能模卡的 3D 电视已经大规模上市销售,可实现 100 多个软件的下载和安装

除了硬件上的更新换代,与硬件紧密结合的内容也成为智能电视留住消费者的关键所在。智能电视所要实现的人性化交互体验,就是要将互动游戏、视频点播、上网浏览等功能融为一体。而随着内容资源链的日益成熟和不断发展,智能电视将为广大用户打造一个可加载无线内容、无限应用的开放式系统平台,并根据自身需要进行个性化安装,很好地巩固电视作为真正的数字家庭娱乐终端的霸主地位。

（三）火热市场背后的思考

由此看来,智能电视已经有一个很好的市场氛围和消费基础。而在智能电视产品准备方面也已经很丰富。我们可以看到智能电视机成为不可逆转的产业发展趋势,特别是在多屏融合的大环境下,基于开放软件平台的智能电视机将成为三网融合的重要载体,担当起家庭多媒体信息平台的重任。

但另一方面,智能电视整个产业的发展也需要解决一些难题,如在智能电视的核心能力建设方面，国内厂商还仍然面临很大的瓶颈和不确定性，在智能电视操作系统的研发和市场推广方面、APP 产业链构建方面及商业模式的探索方面都还不够成熟。

而消费者面对纷繁复杂的智能电视也充满了迷茫，根据一些厂商的调查发现，购买智能电视的消费者更多还是用来看传统内容，智能应用的使用率较低，功能闲置情况相当普遍。对此，创维集团总裁杨东文在接受记者采访时表示："这主要还是与智能电视目前功能应用不足有关，一方面在谷歌 Android 平台上专为智能电视开发的第三方软件数量还远不如智能手机那样多；另一方面，也与彩电行业前期在智能电视研发上的闭门造车有关，导致前期销售的智能电视大量功能闲置。"

与此同时，IT 巨头苹果公司也将推出其智能电视产品，预期将无缝对接应用商店、互联网、移动、广播等各种业态，很有可能再次引爆智能电视市场。对于我国智能电视而言，未来将驶向何方？让我们拭目以待。

三、操作系统：不可忽视的角色

在计算机领域，微软通过 Windows 操作系统长期霸占用户的 PC；在智能手机领域，苹果的 iOS、谷歌的 Android 移动手机操作系统让用户体验到全新的操作体验、更加友好美观的界面、更加丰富的应用、更加人性化的便捷操作；对于电视机而言，随着电视从网络向智能的纵深发展，原本只是用来调节音量、切换画面的电视操作系统（TVOS）升级换代，搭载着无限扩展的应用服务，带来了全新的人机交互体验，智能电视操作系统走入了人们的视野。

操作系统的争夺也成为产业热点。有像苹果、谷歌这样的互联网巨头，也有三星、长虹、创维这样的终端制造厂商，更有百视通数字电视运营商。为什么操作系统会受到如此垂青，电视真的需要智能化的操作系统吗？各个角色介入该领域的最终目的是什么？目前发展的瓶颈又在什么地方？

（一）操作系统为什么重要

从时下应用最广的谷歌的 Android，到万众期待的苹果的 iOS，以及拥有我国自主知识产权的 TVOS，在这个方兴未艾的新生态系统里，谁掌握着智能电视操作系统，谁就雄踞食物链的最顶端。

一方面，操作系统向下与电视机硬件设备紧密结合，成为智能电视的"标配"。操作系统提供商和电视机厂商同台竞技。电视机厂商需要优秀的操作系统以最大限度地体现新电视终端硬件的优异性能，操作系统也同样需要优秀的电视机设备来最大限度地体现其操作的便捷性与流畅的用户体验。且从目前的发展趋势来看，掌握着操作系统核心技术的提供商凭借着良好的用户体验，聚集了大量的用户，随着用户规模的不断扩大，其在新电视生态中的控制力和话语权都在增强。

另一方面，操作系统向上支撑应用业务，直接影响和决定用户体验。在电视业迈向智能化的过程中，软件应用是关键。电视机的智能化不仅体现在信息的获取上，更重要的是如何通过海量信息的延伸为用户提供更智能和更人性化的选择和服务。唯有通过软件层面的有效梳理，才能使冗繁的媒体资源显现价值。而这也是那些搭载了操作系统之后的智能电视所追求的智能化转变所在。而这些软件应用则需要操作系统来承载，智能电视要想实现应用商店功能和应用程序的无限扩展，就必须拥有全开放式的操作平台。选择了某个操作系统也就意味着选择了该平台的一系列相关服务、软硬件支持者，同时包括无数个在该平台上运行的应用程序。

（二）有了操作系统的电视会如何

电视需要操作系统吗？答案当然是肯定的。操作系统这个原本 PC 时代的专业术语应用在电视业，使得原本"行动迟缓"的电视机焕然一新，彻底改变了人们对电视终端的固有印象和传统认识。

1. 服务平台化

操作系统让电视拥有了一个开放式的平台，通过这个平台用户可以加载第三方开发的应用软件。这个开放平台本身不仅面向广大软件开发者提供应用开发的接口，而且面向用户，是一种积聚和展示内容应用的平台。例如基于 Android 系统平台，智能电视可以变身为网页浏览器、全键盘输入、自动更新软件、下载安装各类应用及自动同步信息，等等。用户根据自身需求定制、下载各种应用内容，可以随意删除或者添加，从某种意义上讲每个家庭的电视都是"独一无二"的。

2. 用户体验便捷化

不可否认，科学和技术进步的根本目的就是要让我们的生活和工作变得更简单。操作系统就是为了让用户享受到更加便捷的电视体验。电视不同于 PC，没有鼠标和键盘这些外接设备，目前有且只有一个遥控器，但是电视所提供的内容却很多，用户花在电视上的时间也更长，此时就需要一个简单的、能够一击到位的操作系统，使用户能够非常便捷地获取想要的内容。

3. 应用程序化

APP 的爆炸式增长将电视的影音内容以一种不同的方式呈现给用户。以电视节目为例，从传统的频道式到后来的点播、回看、直播等，一直到现在以应用为核心、以内容为主打的操作方式。未来随着智能电视的普及，必将推动更多的影音娱乐内容和应用向 APP 形式过渡。这样电视在传统基础之上将扩展出更多的个性化功能，可以实现在线观看高清电影、点播错过的电视节目、下载保存视听节目、玩网络和电视游戏、视频聊天、收发邮件等诸多需求。

（三）智能电视四大操作系统

对于想要得到电视这个家庭娱乐中心很久的各方产业力量来说，智能电视操作系统无疑是全新机遇。操作系统已经成为各个巨头实现产业整合、提升自身影响力的关键要素。

1. 国内家电厂商自主研发的操作系统

在谷歌的 Android 操作系统进入电视领域之前，国内电视厂商纷纷建立了自己的智能电视操作平台，如康佳基于 Linux 系统的 OMI 操作系统、海信自主开发的 HiTV – OS 操作系统等。不过，由于这些系统的应用比较少，而且企业之间的标准不统一，造成这些自建平台难以推广。目前这些企业都转用 Android 操作系统，或者采用自建平台＋Android 操作系统的双系统模式。

2. Android 操作系统成智能电视主流

Android 操作系统是一个有谷歌做后盾的稳定平台，对于很多家电厂家来说，不需要白手起家去设计一个系统，也免去了研发和市场推广的风险。我国的家电厂商大多"搭 Android 便车"，包括 TCL、康佳、创维等彩电厂商都推出基于 Android 系统的智能电视机。对于谷歌来说，这也是"重大利好"，我国消费市场庞大，作为免费使用谷歌服务的交换，用户也必须同意把数据分享给谷歌。

3. 万众期待的苹果 iOS 智能电视机

自《乔布斯传》爆出苹果下一个硬件市场是电视机之后，关于苹果智能电视机的消息就没有断过。与 iPhone 引起的轰动一样，虽然苹果智能电视机还没有真正面世，但未来苹果智能电视机的操作系统势必将搅动全产业。苹果将是目前的彩电企业中唯一一个能自己开发操作系统的厂商。苹果公司最早于 2007 年 1 月 9 日的 Macworld 大会上公布的 iOS 最初是为 iPhone 设计的，后来陆续套用到 iPod，iPad 及 Apple TV 等苹果产品上。苹果一系列智能产品采用自主操作系统，与多数彩电企业不得不采用谷歌的 Android 系统形成了鲜明对比，而且 App Store 是苹果又一个利器，目前应用数量已经达到 50 万个，比其他任何平台都多。而在未来，这些应用必然被移植到彩电产品上。

4. 部分智能电视安装 Windows 操作系统

目前在国内市场上，可以看到 TCL、海尔、海信等小部分的智能电视上安装了 Windows 的操作系统。微软 Windows 操作系统在电脑上积累了数年的大量应用，如果能把这些应用转变成电视的应用，将是其他系统无法比拟的。但是，这种想法目前在手机和平板电脑上还没有看到可行的路线，在智能电视上能否行得通，还有待考证。

5. 具有行业发展意义的 TVOS

从 2010 年开始研发，到 2013 年年底推出 TVOS 1.0，再到 2015 年年底推出的 TVOS 2.0，TVOS 这一我国自主研发的也是全球首款的"智能电视"操作系统已经开始崭露头角。目前，已经有几十个厂家在参与 TVOS 的产业研发，商业应用也在上海、湖南、江苏、陕西等地展开，一旦 TVOS 得以顺利推行，无疑将给电视产业带来一场革命。

如果 TVOS 能够顺利发展，那也就意味着智能电视将拥有一个统一的、标准化的开发环境和 2 亿～4 亿户的用户市场规模，所有的开发者都可以对电视展开快速高效的应用开发，并建立更好的商业模式。电视也将真正成为家庭的信息中心、娱乐中心，广电行业的发展也就有了重要的核心竞争力和抓手。

（四）未来的发展方向和趋势

与概念的火爆形成鲜明对比的是从移动终端向智能电视操作系统移植过程中的种种不适应，以及应用内容不足、内容商业模式不完备不清晰等问题。但从长远来看，操作系统这种科技与人性融合，又兼具互联网开放精神的新事物，依旧会让智能电视在未来继续成为话题中心。

1. 操作系统影响产业格局重构

从全球范围来看，科技巨头们进军电视行业，而操作系统则是他们选择进场和参与竞争的"重要筹码"。例如，微软虽然不制造 PC，但是却通过控制 PC 的操作系统成为 PC 界实际上的老大，这也是为什么大多数互联网巨头正积极打造自己的电视计划的原因所在。

虽然现在基本市场格局已初步形成，但是随着未来苹果电视的加入，任何情况都有可能发生。试想一下，未来彩电产业很可能经历这样一个过程：电视市场将被苹果、谷歌的影响力和行动改造，不再是原来的电视市场——面对崭新背景下的电视市场，水土不服的未必是 IT 类的企业，甚至可能是传统的彩电企业，就如同智能手机时代不断走下坡路的那些前"世界名牌"如摩托罗拉等。

2. 产业各方力量积极探索操作系统

对于智能电视而言，操作系统是我国电视产业始终绕不过去的关卡。虽然目前国内的系统厂商多在 Android 上积极布局，试图阻击谷歌、苹果这些竞争者。但是系统的移植（从手机到电视平台）、成熟稳定和不断升级（跟踪 Android 新版本）、日渐显露的专利问题、谷歌商业模式的变数都是大问题。在电视这样一个对安全性要求极高的领域，只有采用自主研发的操作系统，才有可能实现内容的可管可控，保障国家和民众的信息安全。

从产业的角度来看，虽然同样是采用 Android 系统，但是我国厂家拿到授权的时间要比美国厂家晚半年左右，这就导致了我国企业的被动，失去了市场先机，也就丧失了竞争力。例如，在智能手机市场，同样是基于 Android 操作系统，联想虽然销量排进了全球前几位，但是却没有利润，反而是亏损的。而 TVOS 则是由我国企业直接深度参与研发的智能电视操作系统，由此我国也就掌握了市场先机，进而掌握产业主导权，带动我国相关企业的健康发展。

3. 操作系统平台上的应用才是关键

仅仅推出一款自主研发的操作系统其实是远远不够的，当前的软件平台已经呈现出一个全新的系统，需要体系化运作，而操作系统只是提供一个框架，消费者真正能够体验到的是基于这个平台上的各式应用。目前，真正适用于电视终端的应用程序不论是质量上还是数量上都处于初始阶段。三星应用商店是目前同类型中规模最大的。在全球范围内，专为智能电视机开发的应用程序不过900多种，在我国免费的应用程序则只有100多种。

电视机作为智能终端，具有自身的特殊性。首先，电视机是家庭中的公共物品，与手机、电脑等私密性的屏幕不同，家庭性是电视应用开发时必须考虑的因素；其次，电视的显示屏明显大于其他终端的屏幕，对应用的清晰度提出更高的要求；最后，电脑和手机都是"前倾式操作"，而电视作为与沙发紧密联系的终端，必须考虑如何让"后仰式"操作更为舒适。对于介入智能电视操作系统的各方来说，搭建具有自主知识产权的软件平台，并在此框架下开发出丰富多彩的应用，大家都还有很长的路要走。

第三节　新电视产业改变传统广电的经营发展环境

在新电视环境下，传统电视媒体在面临着发展机遇的同时，其生存和发展也遭到了一定的负面冲击与影响。原本在传统媒体格局中处于较为有利地位的电视媒体，不得不思考如何在日益激烈的新形态竞争环境中保住自身优势，以获得新的成长空间。

一、"新电视"概念颠覆传统电视市场

在本书中，我们将传统电视台、网络视频、有线数字电视、IPTV、OTT TV、移动电视等提供电视业务的媒体形态统称为"新电视"。"新电视"的加入不但扩展了过去我们对于电视功能的界定，也以其开放化、平台化的特性逐渐颠覆了整个电视市场的产业结构。

（一）电视媒体的全新定义：从"看电视"到"用电视"

电视行业正在进行着新媒体化的转型，从传统直播电视的你播我看，到现在双向互动的智能电视时代，电视不断被赋予新的意义，颠覆了人们

对"电视"的固有理解。如果从功能上去理解"新电视":传统电视的功能之前仅仅是收看电视节目,"新电视"则将功能扩大化,能够实现收看音视频、获取各类信息、参加娱乐活动、提供多功能服务,并且能够回传用户数据,实现双向互动(图 1-2)。

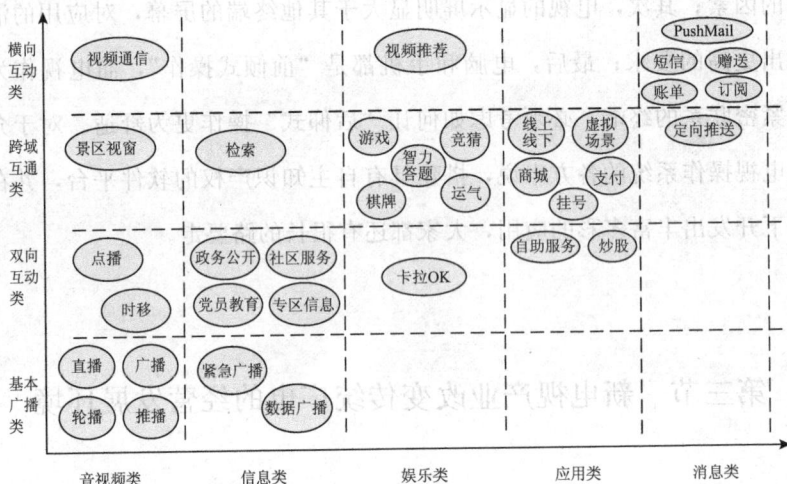

图 1-2 电视媒体的新定义示意图

(二)新电视产业业态与市场主要参与力量

除了电视台之外,我国目前的新电视产业业态中主要的参与角色还包括网络视频、数字电视、手机电视、IPTV、OTT TV 等运营机构。这些新进入者正全方位地从用户、广告、付费收入等方面成为电视行业中有力的参与者和竞争者。

目前,由电视台主导的传统电视形态——直播电视由于长久以来的积累和积淀,仍然是电视市场中的绝对王者。目前,直播电视覆盖了我国 2 亿~4 亿个家庭,播出频道总数达到 1 334 个,广告市场达到 1 302 亿元。这样的发展基础,成为传统电视台进行转型与升级,加入新电视产业业态竞争的重要保障。

此外,有线运营商主导的数字电视也覆盖了我国 2.24 亿个家庭,双向网络覆盖用户达到 9 488 万户，互动用户达 2 000 万户，互动广告市场为 20 亿元左右。

通信主导的手机电视高峰期时达到 1 亿人用户规模，但随着视频基地移动互联网兴起后逐渐没落。

由 IT 业主导的网络视频的个人用户达到 4.8 亿，广告市场达到 128 亿元，市场逐渐呈现出寡头垄断的特征，成熟度日益提升。

广电和通信互相博弈的 IPTV 市场中，用户突破 5 000 万户，互动广告市场逐渐成熟。

广电、通信、IT 业三方博弈的 OTT TV 市场则在最近几年迅速发展。虽然早期市场较为混乱，但在日益严格的政策管控之下，试、产、给的竞争格局逐渐形成，在未来一段时间会呈现稳步发展的态势。目前 OTT TV 的用户规模达到了 3 400 万户，将成为新电视市场的一支重要力量。

（三）"新电视"改写传统电视产业结构

作为媒体传播活动的一种表现，由电视台主导的传统电视产业链条基本上可以划分为内容采编、内容传输和内容接收三个大的环节。而新电视机构的进入，也体现着新媒体对传统大众传播格局的改变，电视内容从制作到播出的整个过程被颠覆，原有的电视市场格局被改写。

相对来说，原本的电视产业链条相对简单。在内容采编和生产环节上，除了电视台自制之外，民营制作公司及海外购买是主要的途径。在传输环节上，则完全由电视台把控，通过广电网络进行传输。在接收层面，则是简单的电视机终端。而新技术的运用、新机构的出现，使得这个过程被复杂化和多样化。

例如，在内容生产和采编环节中，除了新闻内容，其他的内容基本已经实现了完全的市场化运作，新电视机构（如视频网站等）也积极涉入其中，其中不乏大量优秀节目内容，并且题材广泛、形式新颖、想法独特，与原有电视内容形成鲜明对比。而在内容传输方面，电视的专网传输专利被打破，通过公共网络传输电视、视频业务已经成为新电视时代的一大特征，所以广电网、互联网和电信网形成了新的竞争与博弈关系。随着OTT TV的正式加入，电视业务的传输渠道概念不断被弱化，终端的存在感得到了史无前例的提升。"屏幕之争"成为新电视机构的一个重要竞争点。

在这个过程中，通过开放式、平台化的产业链架构，新电视市场吸引了包括内容提供者、网络提供商、终端厂商等众多不同领域的参与者，也催生了越来越多的电视业务、电视产品，以及盈利模式。对于电视台来说，竞争者在数量上的增加，在力量上的成长，都使得其保持自身优势这一目标越来越难实现。与此同时，新电视机构也正以多元、丰富、开放、体验优化的电视产品和业务分流着电视台的收视观众；以立体、多样的盈利模式冲击电视台单一、倾斜的盈利状态及单调的经营手段。这些共同构成了目前电视台的经营发展困境（图1-3）。

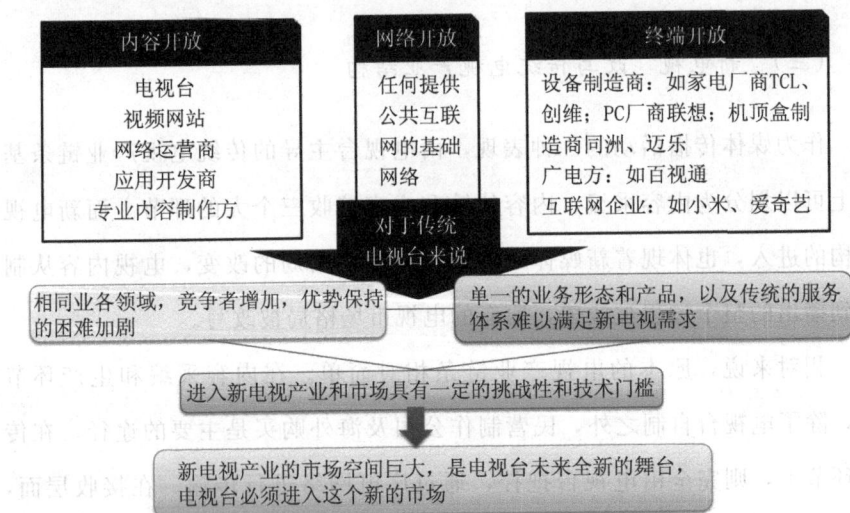

图1-3　传统电视产业结构面临的改变示意图

二、"新电视"对传统电视台运营带来的影响

除了在概念上的颠覆之外，新电视对传统电视台经营的影响也极为明显。无论是用户眼球之争、内容产业结构之争还是盈利模式之争，都在为传统电视台敲响警钟。

（一）用户对"电视"的需求急剧变化，电视台用传统操作方式
留住用户愈发困难

在新电视时代，"观众"和"受众"这样的词语显然已经不能适应新
的传播环境，"用户"成为更加贴切的描述。在新电视的环境下，用户是
指那些能够主动积极地使用电视而非被动接受电视内容的人。从"受众"
到"用户"，表现出的也是人们行为模式、收视习惯的变化。

1. 电视业务提供者不断增加，用户的选择更多，对"电视"的
需求急剧变化

用户对电视的要求越来越多，对电视的需求也不断更新。从最初的黑
白电视到彩色电视，再到高清、智能电视，用户对"电视"的需求已经发
生了翻天覆地的变化。

（1）要求实现多终端接收与跨屏传输

虽然是电视业务，但是用户使用的终端产品已经不再局限于电视机。
电脑、手机、平板电脑等满足了人们随时随地看电视的需求，甚至可以满
足同时使用好几种终端去观看电视内容的需求。

根据 iCTR 跨屏研究"四视同堂"的数据，在新电视用户中会使用 2
块及以上屏幕观看电视或视频节目的达到 72%（"四视同堂"中的四块主
流屏幕指电视、电脑、手机和平板电脑）。2013 年 7 月，使用 3 块以上屏
幕观影的视频用户比例是 66%；到 2014 年 1 月，该数据增长到 69%。多
屏、跨屏观影已经成为用户日常生活的习惯（图 1-4）。

（2）多业务选择，互动式体验

传统电视提供的业务相对来说较为单一，就是直播内容和重播内容。
而新电视时代的电视业务已经非常多样化，仅仅是视频内容就有直播、重
播、点播、回播、录播五种，更不要谈游戏、音乐、资讯、应用等海量的
服务内容了。正如前文所述，用户目前的使用状态不仅仅是"看电视"，
更是"用电视"，是非常注重自身主动性的。

新电视机构培养了用户的"互动"习惯，而这将不可避免地对以单向

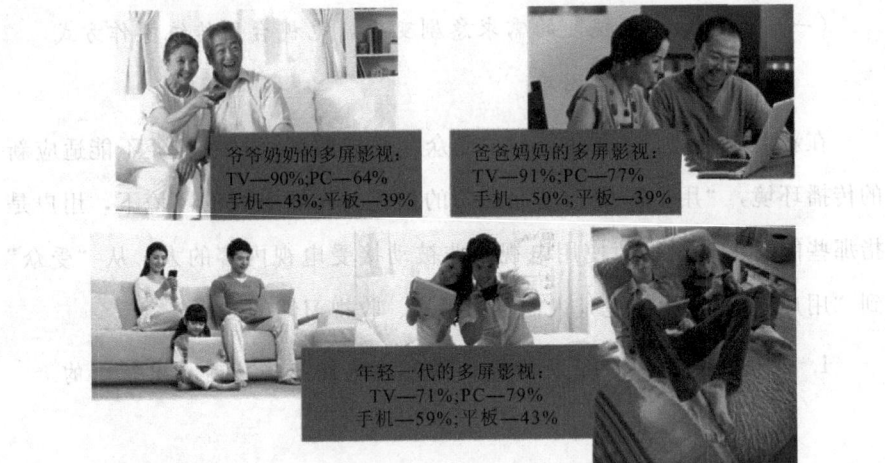

爷爷奶奶的多屏影视：
TV—90%;PC—64%
手机—43%;平板—39%

爸爸妈妈的多屏影视：
TV—91%;PC—77%
手机—50%;平板—39%

年轻一代的多屏影视：
TV—71%;PC—79%
手机—59%;平板—43%

来源：iCTR@四视同堂，201401，$N=5\,000$

图 1-4 2014 年中国家庭多屏观影比例的年龄分布

传输为主的电视台产生影响和冲击。

（3）从 On time 变为 On demand

用户对电视使用最直接的转变体现在对直播和重播的不满足上。传统的直播和重播基于时间线性传播，用户只能跟着电视台播出的时间走，因此电视播放时间表也成为很多电视报纸的卖点。而新媒体业态下，传统电视的线性传播被完全颠覆，用户完全可以不依照电视台的播出时间来进行内容的收看，而是可以根据自己的时间和需求自我调整。

此外，用户的按需收看还体现在观看内容可以不受限制、自由选择上。新电视允许用户主动选择自己想看的内容，而不是被动收看电视台提供的内容。在每一个新电视的内容库中，内容的分类、打包井井有条，以明晰的特征进行标注，以供不同需求的用户选择。比如，在百视通 IPTV 的点播库中，用户可以在电影、电视剧、综艺节目等不同的节目类目下选择自己想看的内容（图 1-5）。

（4）电视成为家庭娱乐与信息的综合服务平台

在内容、业务、产品变化的过程当中，用户对电视机的定位与预期也在转变。新电视不再仅仅是单一的视频接收器，而是包含丰富内容，集视频、娱乐、双向互动于一身的家庭娱乐平台。电视的功能被放大,用户的需要也更多。这就要求电视台改变自己是视频内容提供者的角色定位,转变为全方位、多层次的家庭娱乐业务提供者。

图 1-5　百视通电视节目选择界面(屏幕截图)①

2. 在新的竞争环境,电视台以优质内容换取高收视的模式,困难提升

长久以来,电视台的操作模式是用好内容换取高收视,再用高收视换取广告回报,这是一条基本的操作模式,并被延续至今。但是,要使用这一模式维持原有的价值回报已经越来越困难。

一方面,伴随着电视台制播分离的步伐推进,民营制作力量崛起,目前收视表现优异的内容很大一部分来自民营制作机构,电视台对好内容的争夺势必带来版权价格水涨船高的结果。所以,电视台想要获取优质内容的成本越来越高,这是一个显著困难。

另一方面,与新电视机构相比,许多电视台在优质内容的营销、推广方面是较为弱势的。所以,许多内容都是在电视台播出,却是在网络视频上火起来的。

---

① 此类屏幕截图仅是为了让读者对文中所述事例有一个直观和大体的认识,为了保持真实性,不对截图做任何修正,图中的内容不对正文产生任何影响。同时,个别截图因含有广告性质的内容,为了避嫌,笔者有意截取得比较模糊。

以《我是歌手》为例，该节目第一季的制作费大约为 500 万元/期，第一季一共 13 期节目，也就是 6 500 万元，再加上前期一次性投入的舞美、灯光、音响等硬成本，第一季的总投入大概为 8 000 万元。第二季的制作投入据相关消息透露是 3 亿元，其中有很大一部分资金投入在前期的宣传和节目的推广上。两季收视表现相当，但是其投入成本却有着极大的差异，凸显了电视台原有操作模式的困境（表 1-4）。

表 1-4 《我是歌手》第一季前 12 期与《我是歌手》第二季前 12 期收视率比较   ％

期　数	第一季收视	第二季收视	第二季与第一季收视之差
1	1.434	2.164	0.730
2	1.714	2.149	0.435
3	2.014	2.176	0.162
4	2.067	1.913	−0.154
5	1.936	1.771	−0.165
6	2.022	2.344	0.322
7	2.318	2.140	−0.178
8	2.368	2.103	−0.265
9	2.336	2.266	−0.070
10	2.023	2.104	0.081
11	2.874	2.375	−0.499
12	2.981	2.610	−0.371
平　均	2.174	2.176	0.002

3. 新电视业态进一步分化了电视台内容的受众，年轻、高质量的受众流失明显

电视用户的年龄构成不容乐观也是一个不可回避的现实。年轻的用户越来越倾向于使用新电视屏幕来满足自己的收视需求。

从艾瑞咨询的调查中可以发现，网络视频的用户主要集中在18～40岁的年龄阶段；根据 iCTR 的数据显示，IPTV 这样的新电视的用户也主要是 25～45 岁的人群，用户年龄结构都相对年轻（图 1-6）。

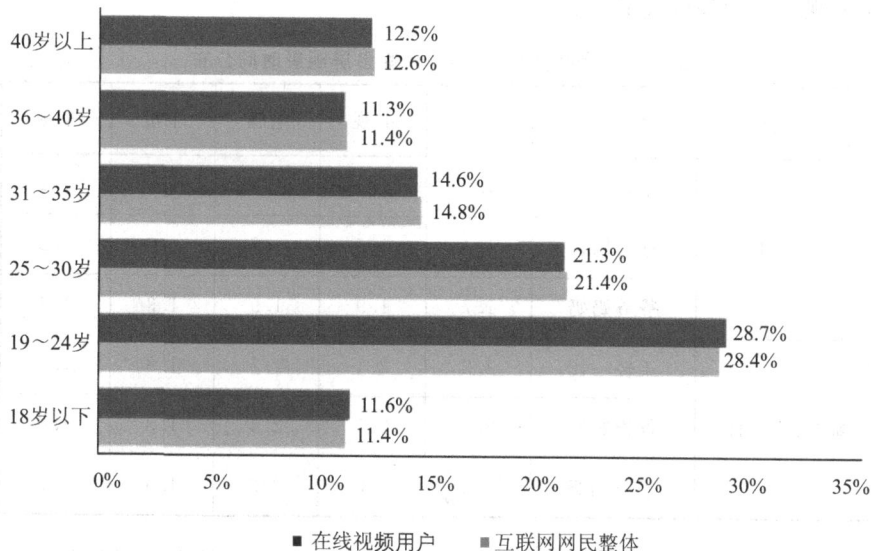

数据来源：艾瑞咨询

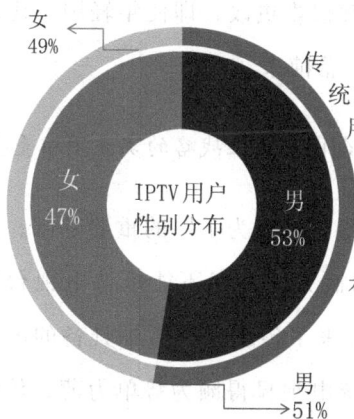

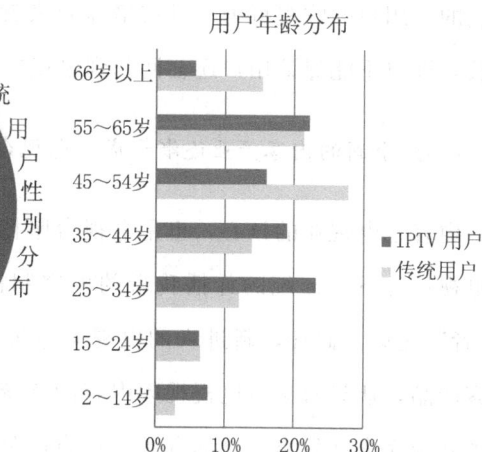

注：传统用户数据来自 CSM

图 1-6 iUsetTracker—2013 中国在线视频用户年龄分布

用户的收看精力毕竟有限，倾向于新电视的用户，分给传统电视的时间自然就少了。根据 iCTR 的调查，不同代际的用户对屏幕的偏好不仅仅体现在屏幕的使用率上，更体现在时间的分配上。相对来说，"年轻一代"花费在移动屏幕上的时间无论在工作日还是休息日都要高于其他群体，而对电视屏幕的偏好较低（表 1-5）。

表 1-5　四世同堂——不同代际多屏观影时间分布　　　　　　　　小时

时　间	代　际	平均	电视	电脑	手机	平板
工作日	年轻一代	1.5	1.3	1.8	1.4	1.2
	爸爸妈妈	1.4	1.5	1.8	1.0	1.2
	爷爷奶奶	1.7	1.9	1.9	1.3	1.4
周末、节假日	年轻一代	2.2	2.1	2.7	1.8	1.9
	爸爸妈妈	2.0	2.1	2.4	1.3	1.6
	爷爷奶奶	2.3	2.6	2.6	1.5	1.7

而就长远来看，年轻用户被分流，对于电视台未来的发展形势是相当不利的，用户的收视行为一旦被培养起来就很难更改，即使年轻用户逐渐成长，谁也不能保证用户还会回归到电视屏幕前来。

（二）全新的内容产业逐渐形成，电视台内容为王战略的实施困难重重

内容是电视业的核心，也是电视台坚持"内容为王"的重要基础。在新电视环境下，传统的你播我看的内容制播方式已经不能维持电视台的"王者"之尊。此外，新进入的电视角色带来了传统电视所不具备的电视内容产品，让只有单一电视视频内容的传统电视显得颇为势单力薄。传统电视并未完全开发出自己的资源，让自己处在一个被动的状态。传统电视内容缺乏与用户的沟通和交流，但是新电视能依托内容，与用户形成良好的互动而备受青睐。

1. 新电视环境中，内容产业链条被重新建构，原本内容市场的
   格局被颠覆

新电视环境下，整个内容产业链包括内容生产、内容呈现及内容分发在内的各个环节都涌进了许多新鲜元素，产业链条已经被重新建构。

第一，越来越多的力量加入到内容生产的行列中来，除了原有的电视台、内容制作公司在制作节目之外，新电视代表们也积极涉入其中。

第二，电视台与制作机构的合作关系也在被改变。随着新电视的兴起及竞争加剧，新电视竞争者为了处于竞争的有利地位，不惜花高价购买节目，从而直接抬高了整体电视内容市场的交易价格，也给了民营制作机构更大的选择空间，现在由电视台主导的交易市场已不复存在。

第三，市场的繁荣更是促进了制作机构的快速成长，不论是从内容制作数量还是质量上都有较大的提升。大量内容的出现，也使得电视台自己生产内容的绝对值降低，对整体内容市场的价格、类型把控都有所下降，最终导致整体控制力下降。

第四，内容的呈现方式上，产品化趋势显著，二次利用和价值挖掘的重要性凸显。在新电视机构的运营方式中，聚合了相同类型的内容形成的产品包是最常见的内容专业化处理，而传统电视台只能在固定时间提供一个节目，无法与新电视提供一系列节目相比。

第五，新电视还可以对已有的内容进行加工整理，对内容进行再利用。目前较为主流和前沿的做法是：根据用户的倾向与偏好，将多条内容中的目标片段进行剪辑、整合与再加工，形成新的内容，并推送至最需要的目标用户。

第六，不同于传统电视内容生产的方式，新电视环境下，内容的生产需要根据不同的屏幕和终端进行相应的调整。不同终端内容的清晰度需要进行调整，内容的播出时间长短也需要进行相应的更改。在不同终端上内容的类型也不同，如在手机上主要提供短而快的搞笑视频内容，在电视上则以高清长视频为主。

以上这些操作模式的背后其实也是大数据支撑的按需分发。新电视可以根据用户的收视数据反馈，推算出用户的年龄和偏爱，从而按照用户的收看习惯提供合乎用户心意的内容，而电视台由于远离观众，在数据方面存在天生的障碍与壁垒（表1-6）。

表1-6　视频网站的内容投入

新电视代表	视 频 内 容
优酷土豆	2013年优酷土豆内容支出成本14亿元，占总营收的47% 自制剧点击量：《晓说》《轻松时刻》《优酷合娱乐》播放量都在百万级别 国内剧点击量：《小爸爸》开播3天破1亿，《咱们结婚吧》4天破2亿，与本山传媒战略合作的独家大剧《乡村爱情变奏曲》《乡村爱情圆舞曲》，总播放量超过12亿 海外剧点击量：《神探夏洛克》《唐顿庄园》《弯顶之下》《黑名单》《继承者们》等热门剧目进入"亿次元"的时代
乐视网	乐视2014年预计投入8亿～10亿元用于这方面的支出，乐视目前已拥有70%以上国内热门影视剧的独家网络版权 2013年乐视网制作了300多集自制剧，资金只是用于版权采购的10%左右。2014年预计增长超过20%，自制剧数量700多集
爱奇艺	2013年，爱奇艺斥资2亿元购买湖南卫视《爸爸去哪儿》《快乐大本营》等五档节目的网络传播权。2014年开始强化"独播"概念。《来自星星的你》就是爱奇艺独播策略下的重要表现
搜狐视频	美剧方面：秋冬档美剧达到100部优秀剧目，20部新剧独家 动漫：2014年搜狐视频拥有的动漫数量占日本全国的80%。另外，欧美顶级动漫内容也将全球同步上线 自制剧方面：2014年搜狐视频针对自制的投入将是2013年的2倍；自制内容的流量产出将是2013年的4倍
华数	建立了与华纳、迪士尼、索尼、韩国KBS、TVB和华谊等国内外300多家各大节目内容制作商的战略合作关系，建成拥有100万小时的数字化节目内容库
百度视频	拥有超过35万小时的视频内容库，为用户定制了电影、电视剧、娱乐综艺、体育、少儿、财经、新闻、纪实等多类型节目内容

2. 多元化的电视内容产品市场，倒逼电视台成为内容提供者

新电视能为用户提供从视频收看到游戏娱乐、资讯服务甚至购物等多种内容。新电视参与者致力于将"电视机"打造成一个家庭娱乐终端与综合信息服务提供者。用户坐在电视机前，却很有可能不是在看电视，而是在打游戏、购物、聊天等。即使是在看电视，也有可能看的不是直播，而是在回看、点播、录播，这些都是新电视的内容产品（图1-7）。

信息 信息产品，集合各种渠道的资源，包括资讯网站、社交网站等	游戏 全国联网，百万游戏用户	音乐 卡拉OK、演唱会、MV	出版 阅读产品旨在以电视为媒介提供多种多样的杂志
信息 信息产品，集合各种渠道的资源，包括资讯网站、社交网站等	财经 财经产品以家庭投资理财服务为核心	工具 多款实用的小工具和小应用	购物 实现电视购买与支付

丰富的应用服务强化了用户对内容的自我选择权，直播节目的"注意力"被转移了！

图 1-7　新电视内容产品

而反观电视台，由于缺乏网络渠道以及终端产品，因此很难在这个层面与新电视业态中的其他机构进行竞争，只能成为视频内容的提供者，缺乏足够的话语权与主动性。

长此以往，电视台便只能成为视频内容的提供者，成为新电视内容中的一个部分，以前在内容上强势的话语权与主动性将不断丧失。对于电视台来说，要改变现状，有必要掌握新媒体主动权，在新的阵地上发力。

3. 相比竞争对手而言，电视台已有的内容资源还没有被全部挖掘，存在浪费现象

2008年，中央电视台音像资料馆已经累计完成节目资料数字化转储和编目35万小时，生成编目数据500多万条，成为亚洲最大的视音频数据

库。2010～2011 年，上海电视台完成了 20 万小时电视资料以及 10 小时音频资料的元数据索引建设，汇聚了 13 套系统上千万条信息数据提供用户查询。

然而这些资源真正被用于新的内容生产、内容交易的比例几乎可以忽略不计。比起新电视业态中的互联网运作思维，电视台的现有内容资源在重复利用方面做得还比较少，关于内容的价值远远没有被全部挖掘；同时，传统电视的直播概念、节目制播理念都缺乏产品化的理念，在传统终端及渠道上无法满足用户按需收看的需求。

新电视中不乏将原有内容进行"新瓶装旧酒"的操作而大获成功的，比如，《来自星星的你》在爱奇艺上热播，爱奇艺开辟"星星专题"，结合当下的各种热门话题与《来自星星的你》相关联，制作出包括花絮、明星对话、精彩片段等在内的主题视频供用户选择收看。

[资料链接] 媒体资产管理系统（简称"媒资"）是对各种类型的媒体资料进行全面管理的解决方案，包括视频、音频、文字、图片等，其目的是实现内容这一媒体资产的保存和重复利用。其中，中央电视台音像资料馆、上海电视台和江苏省广播电视台在这方面都做了不少有益的尝试和工作。

中央电视台音像资料馆 2008 年，中央电视台音像资料馆已经累计完成节目资料数字化转储和编目 35 万小时，生成编目数据 500 多万条，成为亚洲最大的视音频数据库。以全面、细致和规模化程度高为主要代表特征，中央电视台音像资料馆当下的数字化存储量已经超过 130 万小时，年节目生产能力 10 万小时，并且已经在内部进行了内容定价与结算的有益尝试。

上海电视台媒体资产管理系统 2010～2011 年，上海电视台完成了 20 万小时电视资料及 10 小时音频资料的元数据索引建设，汇聚了 13 套系统上千万条信息数据提供用户查询。在目前的媒资库中，上海电视台的媒资管理系统市场化程度较高，其媒资中心已经较好地实现了广电内容的策划、生产、制作和销售功能，逐步从成本投入型部门转变为利润生产型部门，并通过市场化运作成功推出了广播电视栏目，并且通过对外合作完成了重大专题（图1-8）。

江苏省广播电视总台媒资系统 2007年，江苏广电总台正式启动了媒体资产管理系统的建设。江苏广电的媒资系统以"模块化"发展为特色，以最大限度满足台内内容生产需求为原则，注重媒资系统使用的人性化设置，设计了如个人文件柜、创意墙、主题资料柜等一系列的实用性功能。

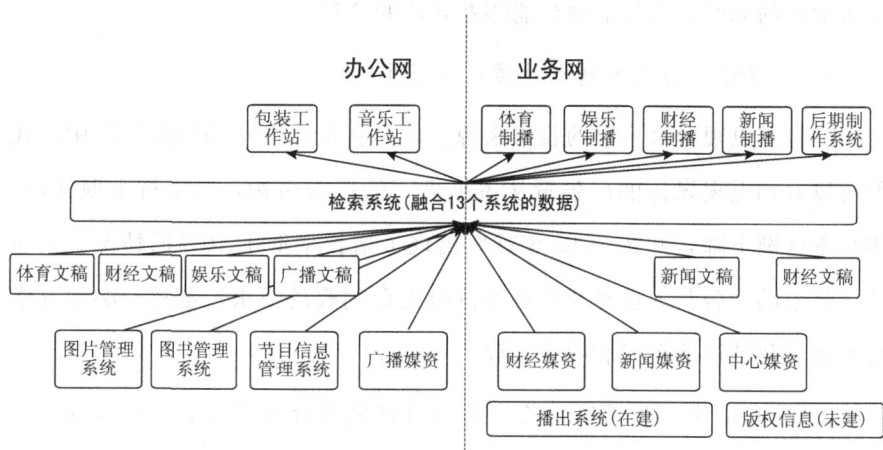

图1-8 上海电视台媒资建设体系

4. 新电视业态中的用户UGC内容提升了用户的互动体验，这是
   电视台所缺乏的

新电视业态中的主流机构基本都会专门开辟UGC内容专区，供用户上传自己的内容；或者进一步将这些内容进行精加工和整理，形成独特的内容产品。用户更乐于去分享这些UGC内容，通过与社交网站进行链接，分享给朋友，从而形成二次传播。

但是传统电视则缺乏这种相互参与感，缺乏便捷的分享。纵然现在传统电视通过二维码与用户进行互动，但是究竟有多少用户拿起手机进行扫描互动呢？

（三）新电视的多元盈利模式，使电视台的传统盈利方式难以保证
收入的稳定增长

传统电视通过广告和商业活动来解决自己生存空间、经营规模和竞争实力问题。新电视业态的出现，也让正在不断努力进行产业化转型的电视台危机感加重。新电视一方面切割了传统电视原有的广告份额；另一方面，也在开拓基于自身优势的盈利来源。这样的市场格局在给传统电视台带来危机的同时，也让电视台能够看到新的盈利点。

1. 电视台广告收入增速放缓，增长空间有限

广告是电视台最主要的收入来源。但是在最近七年的数据统计中，我们可以看到电视媒体的广告量从占据 2/3 的广告份额，到维持半壁江山，增长率逐渐下降，并在 2012 年首次出现了增长率低于 10％ 的情况。很显然，简单的广告收入已经很难再维持电视台创收的要求，电视台必须寻求更加多元化的商业模式和收入来源。

2. 新电视的广告迅速成长，将与传统电视台共同瓜分广告市场

新电视广告不仅包含传统电视直播，也有不少类似网络广告的形式，除了常规的 TVC 外，还有图片广告、广告专区、暂停广告、退出广告等多种模式。

同为电视广告市场范畴，新电视广告新颖独特且价格相对便宜，与传统电视台高昂的广告价格形成鲜明对比，因此新电视广告不断蚕食着电视台原有的广告市场。

（1）视频网站广告规模

2015 年 11 月，腾讯公司副总裁孙忠怀在接受媒体采访时曾表示："据我们自己的观察及对同行的观察，2016 年，三家主要的视频网站年营业额应该在百亿量级的。营收来源包括广告收费和付费收费，加上游戏点卡，还有在线直播等业务。付费业务的收入应该也在十亿级别。"

有行业机构调查预计，2015 年网络视频广告总营收将接近 250 亿元，

同比增长75%，网络广告的市场份额攀升至12%。优酷土豆、爱奇艺、腾讯视频、乐视网等均保持较快的增长。随着电视的网络化、智能化，网络视频长期积累的品牌优势、用户运营经验，加上乐视网、优酷土豆、爱奇艺等在终端制造或终端定制上面的积极布局，将加快网络视频对传统电视广告预算的争夺（图1-9、表1-7）。

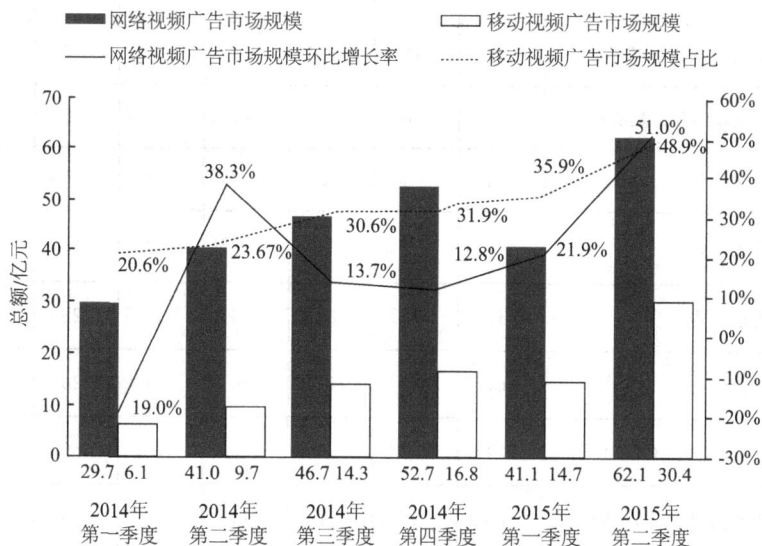

图1-9　2014年第一季度至2015年第二季度中国网络视频广告市场规模

表1-7　网络视频广告市场调查

项目	年份	2010	2011	2012	2013	2014	2015	2016
市场规模/百万元	搜索广告	9 551	16 847	30 722	44 787	60 903	78 216	99 334
	电商广告	2 420	6 820	17 443	27 937	40 782	52 963	66 204
	分类信息及O2O广告	1 000	1 500	2 032	2 176	3 885	5 445	7 079
	新闻信息媒体广告	7 016	8 668	9 742	11 098	12 687	14 940	17 181
	垂直媒体及工具类广告	8 278	8 597	5 830	11 497	16 512	19 691	23 236
	社交广告	842	1 207	2 064	3 276	4 998	11 947	21 504
	视频广告	2 148	4 251	6 478	9 229	14 219	24 875	37 312
	网络广告收入规模	31 256	47 890	77 310	110 000	153 987	208 077	271 849

续表

项目	年份	2010	2011	2012	2013	2014	2015	2016
市场份额	搜索广告	31%	35%	40%	41%	40%	38%	37%
	电商广告	8%	14%	23%	25%	26%	25%	24%
	分类信息及O2O广告	3%	3%	3%	2%	3%	3%	3%
	新闻信息媒体广告	22%	18%	13%	10%	8%	7%	6%
	垂直媒体及工具类广告	26%	18%	11%	10%	11%	9%	9%
	社交广告	3%	3%	3%	3%	3%	6%	8%
	视频广告	7%	9%	8%	8%	9%	12%	14%
增长率	搜索广告	47%	76%	82%	46%	36%	28%	27%
	电商广告	61%	182%	156%	60%	46%	30%	25%
	分类信息及O2O广告	54%	50%	35%	7%	79%	40%	30%
	新闻信息媒体广告	36%	24%	12%	14%	14%	18%	15%
	垂直媒体及工具类广告	21%	4%	3%	30%	44%	19%	18%
	社交广告	134%	43%	71%	59%	53%	139%	80%
	视频广告	291%	98%	52%	42%	54%	75%	50%
	网络广告整体	45%	53%	61%	42%	40%	35%	31%

（2）有线数字电视广告规模

有人预计，到2020年，我国数字电视广告的市场规模可以达到200亿元人民币，占到整个广告市场的1/10。通过近几年的发展，目前我国有线数字电视的广告形式已经非常丰富，包括页面叠加类广告、插播类广告、信息类广告、销售关联类广告等（表1-8、表1-9）。

表 1-8　杭州华数数字电视广告形式

广 告 名 称	展 现 形 式	计 费 方 式
互动门户视频广告	5 分钟视频 24 小时滚动播出	分为 5 秒、15 秒、30 秒三种规格，按照周、月、季进行收费
互动门户巨幅多媒体广告	图片	按照周、月进行收费
互动门户信息多媒体广告	信息条：5 条信息全天滚动播放，每条停留 5 秒钟	按照天、周、年进行收费
互动点播随片插播广告	视频	分为 15 秒、30 秒两种规格，按点击次数进行收费
多媒体广告	图片：按照不同的页面图片大小不同	按照周、月进行收费
游戏植入式广告	图片：游戏桌面背景（可进行的定制、费用另算）	按照月、季、年进行收费
企业门户定制广告	按企业需求定制	—
LOOKing 全媒体电视搜索引擎广告	图片：分为弹出、挂角、通栏三种，弹出和挂角停留 5 秒钟	按照周、月、年进行收费
导航条广告	导航条：显示时间为 3 秒钟	将 74 个频道导航条资源进行组合、捆绑，分成 6 个套餐
互动点播落版广告	图片：按暂停时呈现落版广告界面	按次数收费

表 1-9　歌华有线的广告类型

广 告 类 型	广 告 刊 例
开机广告	170 元/CPM*
菜单主页广告	21 万/周～121 万/周
换台导航条广告	75 万/月或 150 万/月
节目列表广告	80 万/月
音量条广告	30 万/月或 60 万/月
电视回看贴片广告	140～450 元/CPM
歌华点播贴片广告	140～450 元/CPM
综艺荟萃贴片广告	140～450 元/CPM
电视回看菜单广告	100 万/双周

注：*每千人成本，意指广告投放过程中，每个人平均分担的广告成本。

（3）IPTV 广告规模

截至 2014 年 3 月，百视通的 IPTV 用户数已经达到 2 600 万，广告收入也同样在迅速成长。百视通 2014 年上半年实现营业收入 14.29 亿元，其中广告业务实现营收 1.75 亿元，比上一年同期猛增 191.21%，广告收入只占到总营业收入的 12% 左右，成长空间巨大。

3. 以版权卖卖换取收入的方式对目前的电视台来说是利弊兼有的

版权销售应当是内容生产机构获取收入的一个重要来源，但是电视台在这个领域的探索还不充分，而且在某些时候版权销售还会稀释原本的广告销售收入。

在理想状态中，电视台的版权销售应当是在该版权内容的广告销售已经完成，并且其广告价值被完全开发之后才进行的。但目前，电视台的新媒体版权销售往往发生在版权内容的广告价值还没有被全部开发的时候。过早的，或者过于简单、粗暴的版权销售，给了新电视机构在广告经营上与电视台进行直接竞争的可能性，这对于电视台来说是一种资源的浪费和不必要的收入流失。如何衡量好版权销售和广告保值之间的关系，正是电视台亟待解决的重要问题（图 1-10）。

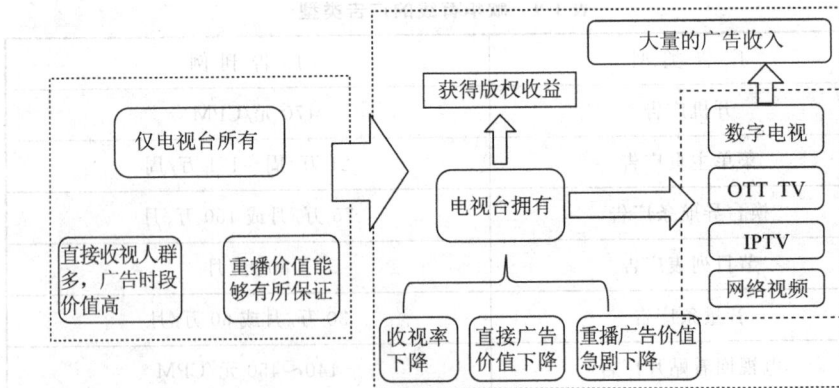

图 1-10　版权销售的两种可能性结果

此外，电视台在版权销售上市场化程度不高，版权销售通常情况下依靠原有的销售渠道，按照陈旧的价格体系进行销售，未能和市场接轨，造成版权价值被错误估计，将重要的内容产品贱卖。

新电视购买版权之后会对内容进行重新加工和编排，将内容中的亮点和重点剪辑出来单独提供给用户。这种片段式的内容也获得了用户的青睐，大量点击的背后带来大量的广告，而这一部分收入是电视台无法参与的。

在版权销售之初电视台能否对片段内容进行规范要求？电视台能否在片段版权上获得盈利？这对于电视台来说是必须正视的问题。

《中国好歌曲》被挖掘出来的片段价值：

腾讯视频通过对《中国好歌曲》进行片段剪辑和片段重组，吸引用户多次点击，而每一个片段视频之后都是大量广告的附着。

热门片段、完整版、纯享版等各种视频的播放量与正片非常接近，这些经过剪辑后的"新内容"，其广告价值也就不言而喻了。在腾讯视频中，《中国好歌曲》的正片播放量约为 3 亿次；而各种片段视频的播放量则接近 4 亿次，远超过正片播放量。此外，正片每条广告时长 75 秒，每条片段广告时长 15 秒。以此计算，片段视频贡献了接近 1/4 的广告价值。

4. 用户付费、终端销售等新的创收方式电视台未能参与

在电视产业链的不同环节都有其相应的收入方式。新电视业态下，这种相对封闭的环境被打破，除了各个环节之间相互打通外，营收方式也一并打通。

新电视参与者如华数、百视通、乐视等都开始布局整个产业链的经营，而不仅仅是从广告主那里赚取广告费用，更是不断开发用户的潜质，以提供增值服务来收取服务费，更有甚者进军电视终端，通过终端销售赚取收入。

但是电视却依然停留在内容提供者的层面，未能与时俱进打通进入电视全产业链。纵观全局，其实电视是最有实力进入全产业链、在各个环节获得盈利的。

（1）用户付费成为新电视业态的新兴收入来源，这是传统电视台的空白

我国电视内容以免费播出为主，长期以来，并没有国外电视媒体的视听费这一项收入来源。依靠内容向用户收费在国外已经非常普遍及成熟，截至 2013 年 Q1（第一季度），美国 Netflix 付费用户达 2 920 万，HBO 付

费用户为 2 870 万，Hulu 付费视频服务的 Hulu Plus 用户超过 400 万，而传统电视台已经错失了向用户收费的时机，很难在此项业务中进行开发挖掘。瑞士电信 IPTV 业务的内容收费模式见表 1-10。

表 1-10　瑞士电信 IPTV 业务的内容收费模式

内容收费模式	Swisscom TV light	Swisscom TV start	Swisscom TV basic	Swisscom TV plus
提供的内容服务	• 超过 60 个电视频道 • 23 个高清频道资源	• 超过 110 个电视频道 • 28 个高清频道资源 • 体育赛事直播（5.5 瑞士法郎/场）	• 超过 200 个电视频道 • 42 个高清频道资源 • 体育赛事直播（3.5 瑞士法郎/场） • 2 500 部电影点播资源 • 回看功能	• 超过 200 个电视频道 • 42 个高清频道资源 • 体育赛事直播（3.5 瑞士法郎/场） • 2 500 部电影点播资源 • 回看功能 • 录制和直播暂停功能
收费标准	免费	14 瑞士法郎/月	21 瑞士法郎/月	31 瑞士法郎/月

新电视环境下，用户付费模式正在不断培育，新电视领域的参与机构都将其视为未来重要的收入来源。新电视通过开辟专区，向家庭和个人提供个性化的增值业务（如高清电影点播、游戏、应用等），从而在用户身上获得盈利。收费方式为按月收费或者按年收费，并设置相应的会员制度（表 1-11）。

表 1-11　视频类网站付费专区一览

视频网站	付费专区	主要付费业务及服务	资费
优酷土豆	优酷院线	上千部正版影片免费点播观看，其中有来自好莱坞的多家主流电影公司的片源，用户可进行包月观看，无广告	15 元/月
爱奇艺	VIP 专区	院线大片免费，超大 VIP 会员片库，独家军事纪录片。每月更新 8～10 部最新电影。无广告，超清 1080P	VIP 超值套餐：19.8 元/月。 VIP 功能套餐：9.8 元/月

续表

视频网站	付费专区	主要付费业务及服务	资 费
搜狐视频	VIP专区	独家教育课程,同步院线大片,无限量离线下载,超清蓝光 1080P,点播影片享受半价,独家教育课程	9.9元/月
腾讯视频	好莱坞影院	每周更新好莱坞片库,好莱坞北美院线同步上映大片,点播片库享五折,会员专区免费看,无广告,在 QQ 客户端登录面板点亮好莱坞会员图标	20元/月

Comcast(康卡斯特)的 TV 经营案例:价值多轮释放

Comcast 一般会同时买断内容资源版权的直播权、拆分销售权,也包括在电视、互联网等不同的平台进行收看的权利,保证能提供用户观看、点播和利用 DVR 处理的功能,这就允许 Comcast 对相同的内容进行多层次、多平台、多观看方式的分发(图 1-11)。

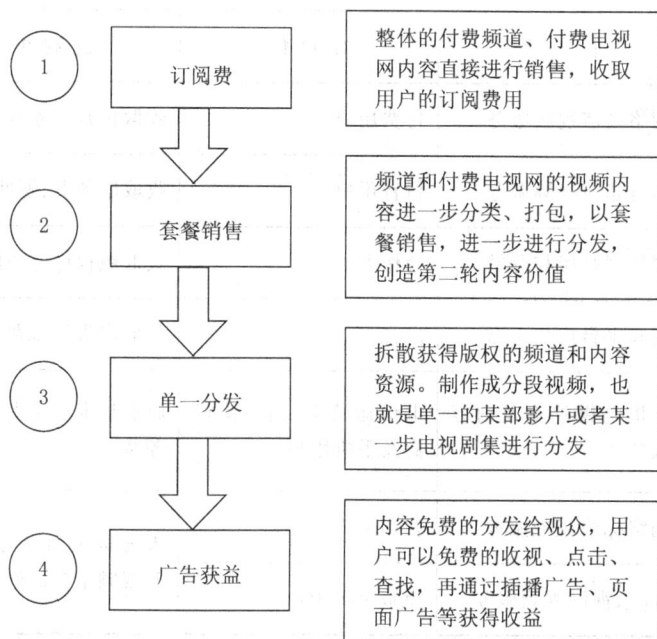

图 1-11　Comcast TV 内容的多重分发

乐视网：不断培养市场，向用户收费

乐视的盈利模式多元，盈利目的有所区分，版权收入是集团的金牛业务，可以为集团带来稳定的营收，但营收占比呈萎缩趋势；广告收入和用户付费是拥有前景的"明星业务"，广告将成为营收的主要力量。终端生产和应用研发市场的主要目的在于扩大市场，占领用户和开发者，其价值将体现于其他方面（表1-12）。

高清视频服务占乐视网营收10%，可以说是对培养行业用户前向收费的环境做出了贡献。互联网视频的用户收费是针对高质量的视频内容或体验更好的服务，如乐视电视490元的年服务费用户可以享受观看一年的1080P高清影片、3D影片等（表1-13）。

同传统广电运营商按时间收取固定的服务费不同，视频网站经营的用户收费理念让用户觉得切实买到了服务，而普通的视频资源用户是可以免费收看的。

表 1-12　乐视的盈利模式

类　别	业　务	客 户 群	盈 利 模 式
付费服务	网络高清视频服务	付费用户	收取包月服务费
	网络超清视频服务	付费用户	收取服务费、硬件费用
	网络视频版权分销	合作方	收取版权许可使用费
	视频平台广告发布	广告主	收取广告发布费
	手机电视技术及内容服务	电信运营商、内容集成商及手机用户	收取技术服务费和内容服务费
免费服务	网络标清视频服务	费用用户	人气聚焦和内容积累，提升视频平台价值
	3G乐视网视频服务	免费手机用户	

表 1-13 乐视的收费标准

PC 版会员		TV 版会员	
1 个月	24 元	1 个月	49 元
3 个月	48 元	3 个月	145 元
2 年	168 元	6 个月	290 元
3 年	210 元	1 年	490 元
单次点播	5 元/部	单次点播	5 元/部

（2）新电视业态也促进了机顶盒市场的出现和发展

形式多样、品牌丰富的机顶盒不断出现在市场上，不同电视角色方进入机顶盒市场的竞争，一方面可以从终端接近用户；另一方面，也是营收的一部分。除此之外，较为大型的电视机也可以涉足，如乐视网就研发出超级电视机，成功进入电视终端领域（表 1-14）。

表 1-14 新电视机顶盒一览

机顶盒产品	售价	服务费
百视通小红	699 元	大部分免费，VIP 内容点播收费
华数彩虹 BOX	398 元	10 元/月
乐视盒子	0	499 元/年
华为秘盒	488 元	0
爱奇艺超清盒子	299 元	0
小米盒子	299 元	0

（3）通过开发数据，提供信息服务，从而实现盈利

新电视业态，数据成为行业发展的关键。电视台通过开发数据，提供信息服务，从而实现盈利。新电视业态的参与者们已经意识到数据资源的重要性，纷纷喊出"大数据为王""大数据运用"等口号。

在这一层面，电视台拥有新电视参与者不具备的优势。新闻、电视剧、综艺节目是电视台节目内容的"三驾马车"，其中新闻资讯是电视台具有垄断优势的资源，并且在较长的时间里都不会实现市场化，是电视台可以对其进行加工利用的重要资源。电视台完全可以开发利用已经沉淀了几十年的资讯资源，将资讯转化为数据，将数据转变为咨询工具，为自己开辟出一条内容产业的蓝海。

《第一财经》：从媒体成功转型为专业的金融服务提供商

《第一财经》是上海广播电视台/上海东方传媒集团公司（SMG）旗下的财经版块，创办于2003年7月，为我国广大投资者和商界、经济界人士，以及全球华人经济圈提供财经新闻和信息服务。经过这些年的发展，《第一财经》目前已经成为我国规模最大、品种最完整的财经媒体集团，拥有电视、广播、日报、杂志、网站、研究院、无线、新闻社、学院及信息服务业务。

《第一财经》通过对十多年资讯的整合，开发出一条资讯产业链，将自己从媒体成功转型为专业的金融服务提供商。2012年，《第一财经》正式宣布进入金融数据服务领域，通过向用户提供企业金融数据、企业资讯、战略决策等，而成为咨询行业有力的竞争者（图1-12、图1-13）。

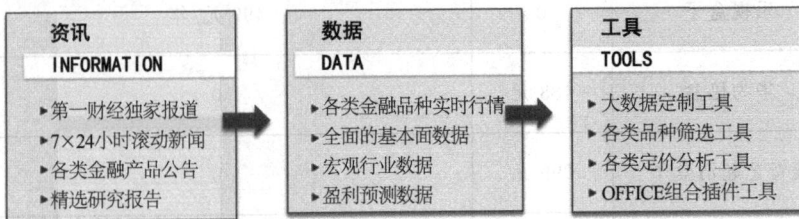

图1-12 《第一财经》业务转变

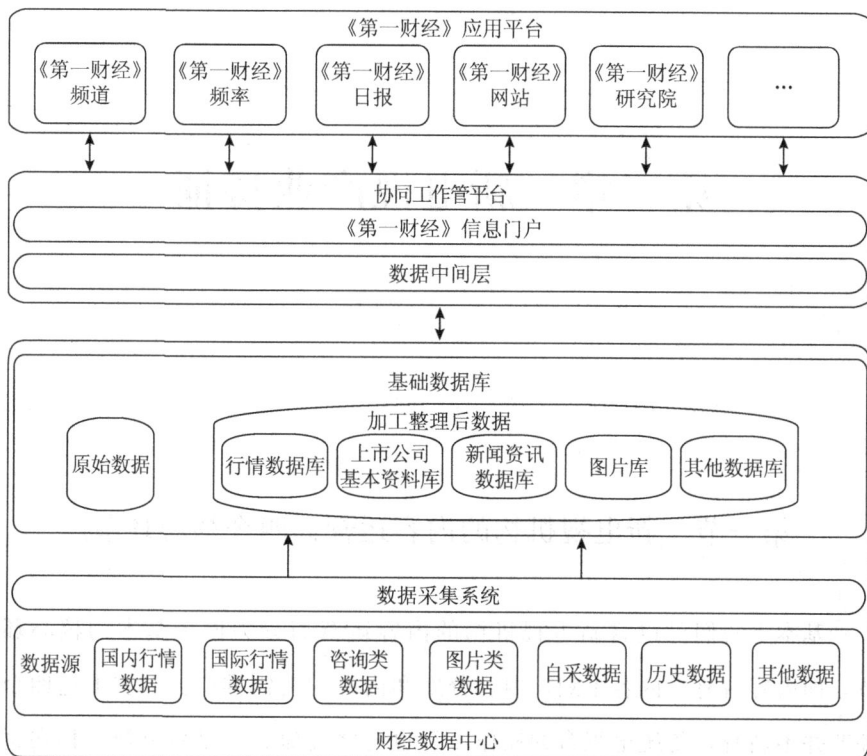

图 1-13　《第一财经》业务平台

第二章 新电视产业特征

第一节 新电视机构的内容运营：四个核心环节

基本上我们可以将新电视机构的内容运营划分为四个基本的核心环节，即内容占有、内容策划、内容分发和内容的营销推广。事实上这四个环节并不新鲜，传统电视台的操作流程也与之类似。但是新电视机构在这四个核心环节的运营管理理念和操作手法却是与传统电视台有所不同的。

对内容、版权的管理应该有一个相对完整的顶层设计，不论新旧电视机构都需要一套统一的管理理念，一个相对独立的部门，配合选择优质内容，并对拥有的版权进行全方位的规划，从内容获取开始就跟进，实现更系统化的内容策划、分发、营销推广等后续环节。

在内容运营这部分里，我们将分别从内容占有、内容策划、内容分发及内容的营销推广四个方面，去展现新电视环境中电视媒体的内容运营特征与趋势。

一、新电视机构的内容占有：占有海量和独特的资源是基础

在内容获取方面，新电视机构主要有四个途径，分别是版权购买、内容自制、用户自制及合作生产。版权购买仍然是新电视产业获取内容的最重要方式，购买的方式也越来越理性、科学；投资、合作拍摄等方式是传

统电视台一直以来较为重要的内容占有方式，对于新电视机构来说亦然；内容自制是为了树立自身的内容区隔，加强在内容方面的话语权，并且应对新电视观众的内容需求，自制占据越来越重要的位置。此外，新电视还通过建立良好的分成机制，激励广大的普通用户和专业用户分享优质内容。

（一）版权购买：既要重视管理也要重视评估

新电视行业获取内容的最重要途径是进行版权的购买，在这方面，经历了从粗放到精细运作的变化过程。早期作为电视行业、视频行业的新手，新电视机构的运营者们对待版权的态度相对简单粗放，但是随着行业的逐渐成熟，新电视机构的经营者也已经开始熟知版权购买的规律，逐渐把握市场的脉搏，用精细的运作来管理并且评估版权。

1. 版权管理和运营不等于内容编排或策划

与电视台相比，新电视机构对待版权与内容的理念有着较为明显的差异。对于新电视机构来说，版权是一种商品，内容则是产品，是不一样的概念。所以，通常来说，内容生产与版权管理部门是分开的，是互相独立的。例如，搜狐视频有独立的版权影视中心，也有独立的内容中心。前者负责版权的管理、购买和销售，后者负责日常的内容生产、编排和策划。成立统一的、独立的版权运作与维护部门，这是新电视机构的普遍做法。

脱胎于广电体系的华数传媒在管理版权时主要分三步走：首先在年底制订引进计划，主要由运营部门提出内容需求，与版权引进部门共同商定一年的计划和预算，制订不同类型、不同档位内容的计划；其次，由版权引进部门执行，华数传媒拥有一支7人团队，对接国内外800余家内容供应商；最后，按月考核引进情况并进行微调，主要考核内容为引进数量的完成情况等。华数传媒副总裁李学东表示，从华数传媒十余年的探索来看，新电视的内容首先需要丰富，只有足够丰富才能满足大部分用户的需求，然后才是差异化和特色的内容。

2. 重视独家内容，在同质化竞争中形成独特品牌

所有新电视机构都认识到了内容在竞争中的重要性，对优质内容的追求在拉高版权价格的同时，也使得新电视机构的内容库出现了或多或少的同质化现象。所以，当下新电视机构的版权购买战略通常分为两个步骤：第一步是实现丰富性，即以大量的、多样化的、主流的视频内容去吸引用户；第二步是实现差异性，即以独特的、长尾的、个性化的内容进一步满足用户需求，吸引住用户，打出品牌。

正因为对版权占有的重视，才会有日益走高的版权价格。从2013年开始，各大视频网站的投入中，接近50%的投入被用于内容版权的购买。

3. 在大量的购买行为中，演化出日趋理性与科学的评估方式

任何一个视频版权的购买都是有风险的，尤其现在对于新电视经营者而言，相关版权的价格水涨船高，就越发考验选择内容的眼光。在大量的购买行为中，新电视也逐渐演进出日趋理性与科学的评估方式。

通常来说，新电视机构的版权评估方法包括四种。其一是搭建评估团队，完善评估—采购流程，代表机构：中央电视台电视剧管理中心，江苏省台四级审片制度，光线传媒制作部、发行部、营销部门共同决策。其二是强调数据工具支撑，侧重社交网络数据等，代表机构：光线传媒参考百度贴吧、百度指数、克顿传媒、尼尔森Twitter收视率〔尼尔森Twitter收视率包括发表指标（独立作者量和推特数量）和到达指标（独立访问人数和印象数）〕。其三是形成综合性、持续性的评估体系，代表机构有中央电视台、BBC的持续性绩效评估体系、尼尔森ccData的电视节目综合评估体系。其四是推出特色的评估服务，以易思传媒为代表。

4. 作为今后新电视机构中的重要代表，电视台的改变同样值得重视

电视台作为新电视机构中的重要代表，在版权购买方面也有了众多改变，同样值得重视。现阶段，电视台购买版权主要有以下两种做法。

第一种做法：购买全媒体版权，旗下新媒体机构占有新媒体版权，比如中央电视台在购买许多内容的版权时会同时买下全媒体版权，再由

CNTV（中国网络电视台）来消化直播版权之外的版权产品，自身使用或者进行分销。

第二种做法：电视台与新媒体机构联合购买，各自保留一定的主动权，以湖南卫视为例，湖南卫视与快乐阳光互动娱乐传媒有限公司各派出一部分员工，共同组成了一个版权购买部门，对共同选中的内容进行联合谈判，从而以更低廉的价格拿下直播版权及相应的新媒体版权。快乐阳光互动娱乐传媒有限公司董事长兼总经理张若波就此表示："我们依靠湖南卫视的独播节目起步，但是绝不会止步于湖南卫视的独播节目。"传统电视向新电视转型，没有任何时候可以说是"完全"准备好了。现在不启动，就将彻底错过"窗口期。"

（二）创新生产：机制化合作，差异化生产

1. 新电视机构纷纷将自制内容视为未来差异化竞争的重要方向

新电视经营者之所以开展内容自制，有两方面的原因。首先，新电视的受众与传统电视台的观众在收视习惯和偏好上略有不同。习惯了互联网的这部分受众，往往会利用碎片时间观看更加短小精悍、更加娱乐化、焦点更加集中的内容，新电视机构的自制内容往往从这个方向着手，如《屌丝男士》《晓说》《以德服人》《隐秘而伟大》。其次，树立品牌区隔，内容版权购买的高投入及不确定性，决定了不可能有哪一家机构能够独占所有优质内容，因此通过自制内容便于打造新电视机构自身的品牌，形成差异性特征，提升用户黏着度。

目前，包括视频网站、数字电视运营商等都越来越重视内容自制，他们制作的内容中也有相当一部分吸引了大量的观众，形成了品牌。

2. 大数据背景下，数据库生产内容成为趋势

如前文提到，新电视的受众与传统电视不同：一方面，他们更为互动，有独特的收视爱好；另一方面，他们也留下了非常多的痕迹，可以帮助新电视经营者进行分析，从而制作出有针对性的内容。

垂直类网站一直以来都在利用数据库生产内容，如汽车之家、豆瓣等。在大数据背景下，通过数据库生产内容也逐渐成为新电视机构内容生产的趋势，以数据库生产内容的典型代表是 Netflix 的《纸牌屋》及爱奇艺的"绿尾巴"功能等。在内容制作方面，可以看出新电视目前进行的仍然是相对小的制作，但是用户的点击数据比较可观，可谓以小博大。之所以如此，与新电视经营者在内容自制方面对大数据的利用有密切关系。

Netflix 制作的《纸牌屋》就是一个典型案例。用户只要登录 Netflix，其每一次点击、播放、暂停甚至看了几分钟就关闭视频，都会被作为数据用作后台分析。这样一来，Netflix 就能精确定位观众的偏好。Netflix 在拍摄前事先分析了订阅用户们的观影数据和操作习惯，保证其首部原创剧集可以精确命中最大量的潜在观众。

3. 将合作变成一种较为固定的机制

传统电视台的合作生产通常来说较为随意，但是新电视机构在这个方面则显得更为严谨，它希望能够以各种各样的合作机制来代替合作的偶然性。这种做法在国外的电视机构中也极为常见。

比如 BBC（英国广播公司）则是通过内容定额要求直属部门与独立制作公司公开竞争，BBC 规定：50％的节目由 BBC 自制，25％从独立公司购买，另外 25％由独立制作公司和 BBC 直属生产部门公开竞争。在过去的一年中，独立制作公司为 BBC 提供了 49 亿美元的节目。

而在韩国，电视剧制作以韩国国家广播公司 KBS，MBC，SBS 为主，不过大部分的电视剧还是由它们的子公司独立制作，而剩下的大概 30％的电视剧由三大广播公司与独立制作公司合作制作完成。其实，三大广播公司自己独立制作的电视剧占到韩国电视剧总量的 65％。三大广播公司除了独立制作之外，和独立制作公司的合作机会也很多。在合作的时候，事先做好合作拍摄计划是非常重要的。然后再洽谈，签合同，由广播公司预付大部分制作费用，之后独立制作公司才开始进行电视剧的拍摄。据了解，80％的制作费用仍由电视台支付。正因为电视台提供了大量的制作费用和播出渠道，因此，即使是外包的独立制作公司制作的电视剧，电视台也享有一般的著作权。

（三）用户自制：个人和机构用户正在成为内容领域的生力军

新电视获取内容的第三个重要途径就是建设内容平台，通过良好的分成和激励机制，鼓励普通大众和机构用户贡献内容。在用户自制内容中，主要分为两大部分：一是个人用户；二是机构用户。两者都可以为新电视机构提供原创内容，成为新电视机构内容生产的重要途径之一。

2012 年 7 月，PPS 爱频道正式上线，利用 UGC 短视频作为 PPS 长视频内容的有益补充。对于 UGC 视频平台建设而言，用户与内容量是发挥规模效应的基础，因此 PPS 爱频道创建之初就构筑了开放式平台，利用流量分成机制吸引制作团队与内容。不同于 Google 团队对 YouTube 以拉动流量为唯一目标的运营理念，PPS 爱频道在保持流量领先的基础上，给予原创团队更大比例的流量分成，并通过开放商业渠道、引入"PPS 出品"自制品牌制作合作以助推优秀制作团队获取政府机构文化扶持，确保平台吸引更多优秀原创团队，提升平台内容价值。

凭借上述举措，PPS 爱频道成立近半年就吸引了 250 家专业的视频制作企业，频道数量达到 80 万个。PPS 爱频道为 PPS 复合平台贡献了 10% 的流量，视频日均播放量已经突破 2 000 万，超越多数原生 UGC 视频平台。

2013 年 PPS 爱频道投入 6 000 万元成立爱频道事业部，并在年内探索两大模式突破：一是把 UGC 视频和电商打通，通过用视频表现产品信息、提供效果可视化广告投放平台，让短视频和中小企业广告有机结合到一起；二是尝试专业化视频付费模式，让专业化短视频直接在市场中获取价值。

易观国际 2013 年发布的《中国网络视频市场季度监测数据》显示，短视频内容的用户数量已经超过长视频。其中超过 70% 的用户在碎片化时间中选择观看那些有趣的短视频内容。移动互联网的爆炸性增长给 UGC 视频发展带来新的机会（表 2-1）。

表 2-1　国内三大视频网站的 UGC 内容及策略

视频网站	腾讯视频	爱奇艺	土豆网
UGC 内容及策略	推出 V＋开放平台：面向专业视频用户、明星、名人、机构、工作室、媒体、企业等内容提供方（简称 CP）建立的新的内容合作渠道。并为 CP 提供个人频道认证包装、品牌及内容宣传展示、商业分成回报等模式。旨在通过强大的腾讯用户触达和推广手段，为专业和精品内容给予多平台、多终端的最大化传播	上线 APP 啪啪奇；为百度贴吧、美拍等提供 UGC 技术支持，目前已覆盖多个热门互动社区；无须注册或登录爱奇艺，用户登录互动社区便可以直接调用本地视频，爱奇艺将在云端帮助用户完成转码、生成、分享等一系列操作	2013 土豆映像节上，土豆网正式推出"播客分成计划"，将视频作品部分广告收入分享给原创作者，为优质视频创作者提供更多资金和资源的支持，一旦原创播客加入"播客分成计划"资格获准，该账号下所有原创历史视频从获准开始，均将允许依照视频广告投放量参与广告收入分成

根据 YouTube 数据显示：每分钟上传至 YouTube 的视频超过 100 小时（图 2-1），每分钟上传的视频长度要超过 4 天；每月的访客数过 10 亿；合作伙伴已过百万。eMarketer 2013 年年底发布了其针对 YouTube 广告营业收入的数据调查，预计 2013 年 YouTube 的广告净营业收入将达到 56 亿美元，增长了 51.4％，除去支付给合作商的费用之后，预计广告净收入仍然达到 19.6 亿美元，同比增长了 65.5％。

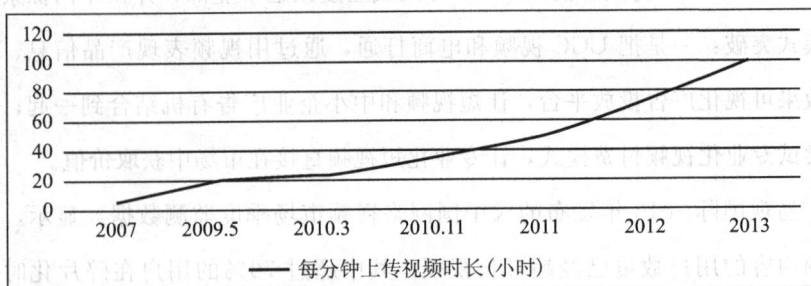

图 2-1　YouTube 用户每分钟上传视频时长

除了个人用户，独立制片人、工作室、专业制作公司等机构用户也成为提供原创内容的典型。在韩国，各大电视台播放的电视剧都是以外包给制作公司的形式进行运作的，韩国三大电视台通过各种手段垄断放映权和版权，一方面能够获得最佳的版权产品；另一方面，也更有可能将制作费用压到最低，以谋求利益最大化。日本的电视媒体在制作节目或播放节目前会与各著作权人处理好权利关系，但是二者签订的合同或协议并没有就电视媒体播放（包含销售）以外的使用方法和使用费用达成协议，因此，当电视台的各种节目通过互联网等多媒体方式进行传播时，纷繁复杂的权利处理关系使得电视媒体对全媒体时代的互联网传播望而却步。日本目前通过 BS 放送、CS 放送、海外放送、向 CATV 销售或出租节目等二次使用的形式进行互联网传送电视录像节目。英国 BBC 则要求每年至少 25％的节目由独立制作人提供，每年自愿拿出 10％（以节目时长计算）的非新闻类广播节目，委托独立制作公司制作。BBC 网站每年至少 25％（按经费计算）的非新闻类内容委托给外部的公司来生产。

二、内容的策划和盘活：海量信息的高效产品化，素材变成内容，内容切成有价值的片段

若想将购买、自制或是用户生产的内容盘活，电视经营者必须加入新的编辑思路，打造新的产品，从而获取多次销售的利润。此外，在将内容产品推向市场前，需要通过策划来选择合适的时机，让其更好地呈现在用户面前，同时还可以借助推荐系统来提升用户的黏着度。

而传统电视的直播概念、节目制播理念都缺乏产品化的理念，在传统终端及渠道上难以满足用户按需收看的需求。而新电视则可以通过拆条、编辑、整合等多种手段将内容产品化，从而扩大内容资源的使用价值（图 2-2）。

```
购买、生产及UGC内容  ──拆条、编辑、整合──→  内容产品
```

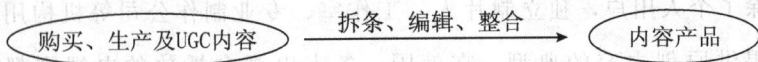

图 2-2　新电视内容的策划和盘活

（一）内容策划之内容盘活——多次利用

1. 完整节目的拆条、重新整合，多次分发

新电视购买版权之后会对内容进行重新加工和编排，将内容中的亮点和重点剪辑出来单独提供给用户。这种片段式的内容也获得了用户的青睐，大量点击的背后带来大量的广告，而这一部分收入是电视台无法参与分配的。

例如，腾讯通过对《中国好歌曲》进行片段剪辑和片段重组，吸引用户多次点击，而每一个片段视频之后都是大量广告的附着。热门片段、完整版、纯享版等各种视频的播放量与正片非常接近，这些经过剪辑的"新内容"同样具备非凡的广告价值。从数据来看，《中国好歌曲》正片播放量约为3亿；各种片段按照每条20万播放量共200条来计算，播放量达4 000万。而正片每条广告时长75秒，片段广告时长15秒，以此推断，片段视频贡献了不容忽视的一部分广告价值（图2-3）。

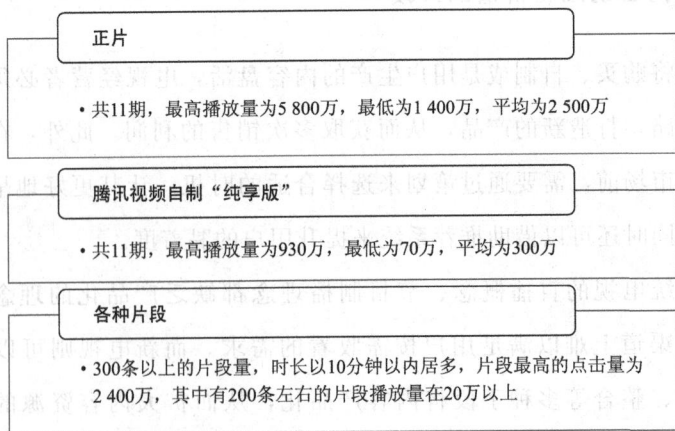

```
┌─ 正片 ─────────────────────────────────┐
 ·共11期，最高播放量为5 800万，最低为1 400万，平均为2 500万

┌─ 腾讯视频自制"纯享版" ──────────────────┐
 ·共11期，最高播放量为930万，最低为70万，平均为300万

┌─ 各种片段 ──────────────────────────────┐
 ·300条以上的片段量，时长以10分钟以内居多，片段最高的点击量为
  2 400万，其中有200条左右的片段播放量在20万以上
```

图 2-3　《中国好歌曲》三种视频播放量对比——片段播放量大于正片

此外，百视通作为东方卫视《中国达人秀》节目的官方新媒体，对节目的编排不仅仅是以往节目整合的专区模式，还增加了自制的衍生节目——《麻辣评委》，对观众喜爱的犀利点评进行剪辑包装，并以此开发出新的广告营销模式。

2. 利用现有素材衍生出新的内容产品

对于已经占有、播出的内容产品，新电视机构可以借助已有的影响力去推广新的节目或内容，产生新的收视价值和经营价值；同时又可以用新的衍生内容进一步反哺原有节目，提升用户黏着度。

比如，浙江卫视短短10分钟的《酷我真声音》广告销售也受到了多家广告商的追捧。作为母节目的延伸节目，每期只在电视上播放10分钟的"精编版本"，30分钟的完整版只能在爱奇艺网上观看。而获得新一季《中国好声音》网络独播权的腾讯视频在《中国好声音》播出之前就原创出品了多档节目，唤起大家对"好声音"的记忆与期待。非常懂得借势营销的广告主们也瞅准时机与《微视好声音》及《寻找好声音》合作，先人一步抓住营销契机。

而安徽卫视《石破天惊说甄嬛》节目以不同的主题贯穿《后宫甄嬛传》播放始终，可谓同主题历史串讲。《青盲拍案惊奇》没有沿用安徽卫视在新版《三国》《红楼梦》《水浒》等众多大剧播出中的惯例，即开播"三人行"——纪连海、梁宏达、阿忆三人闲话历史，而是摒弃学术性，重视知识性和趣味性，启用了风格另类的主持人石凉为观众解析"越狱"那些事。喜欢看纪录片的观众对石凉这个名字并不陌生，这位著名的影视演员在《档案》节目中以其睿智风趣的主持风格还原历史中那些"石破天惊"的本来面目，正是凭借这种独特的节目形态，《档案》很快在全国同类节目中脱颖而出，并迅速拥有一批忠实的"档案"迷。

（二）内容策划之数据驱动编辑

1. 利用大数据技术，让用户看到自己最想看的内容

传统电视的内容生产和编辑往往采取自上而下的方式，虽然用户能主

动选择视频内容，但其需求还是被置于电视台的需求理解框架之下，用户的需求能否真正地、最大限度地得到满足难以考证。而新电视则能够基于庞大的用户规模，利用大数据技术，借助民意重新编辑视频。

2013 年，爱奇艺推出"绿镜"视频编辑功能，通过综合分析用户海量视频观看数据，自动判断用户喜好，并将精彩内容抽离出来，生成受关注程度最高的"精华版"视频，用户进入爱奇艺内容播放页即可选择观看完整视频或"绿镜"精华版内容。

目前"绿镜"功能已在爱奇艺和 PPS 双平台所有综艺及自制节目上应用。以一期《爸爸去哪儿》为例，"绿镜"精编版累计观看次数已经超过20 万次。同时，"绿镜"功能也带动了该节目往期播放数据大幅增长。

几乎每个用户观看视频时都至少会产生 1 次视频快进或快退操作，这些行为为视频网站判断用户对该时间点内容的喜恶提供了海量数据来源。而这些数据又可以拿来为没有时间观看完整版或刚刚开始追某档节目、影视剧的用户作为收视参考，实现了真正的"民意"决定内容组合，而非编辑人工干预内容。

如果说"绿镜"功能给用户带来足够多的便利，对于影视制作机构而言，"绿镜"无疑将带来更大的商业价值。商业的发展天生依赖于数据来做出决策，因"绿镜"数据能够全面系统地展示视频节目在用户中的受欢迎程度，以及每一个节目、每一个视频中最受用户喜爱的片段和用户最不喜欢的部分，所以影视制作方可以通过"绿镜"数据观察用户对每个内容片段的不同反应，实现对节目环节和电视剧情节设置的优化调整。据悉，已经有影视制作公司和电视台有意与爱奇艺合作进行数据分析挖掘，将"绿镜"生成数据纳入其数据决策系统。

2. 面向不同人群，进行专题整合

传统电视的节目在直播过后往往只有为数不多的重播机会，而新电视特有的点播、回看功能却可以面向不同的人群，实现内容的重复利用。通过菜单选项，IPTV、OTT TV、视频网站等新电视能够对内容资源进行整理，划分为直播频道、影视剧、资讯服务、游戏娱乐等类别，还能设置热播榜单、评分最高等专题栏目，提升用户的自主选择权。

针对英国和爱尔兰不同地区不同收视人群的需求，BskyB 将其 500 多个频道细分为 96 种"打包"组合，发展重点锁定在中、青年人家庭。根据频道范围和观众口味的不同，把所有节目制作成几个比较简单的节目包，分为娱乐、电影、体育、高清、额外付费频道等若干种，另外还有 ESPN、MUTV 等额外付费频道。不但能够降低用户选择的难度，同时也减少了销售管理的复杂性。韩国的 SK 电讯也在强调用户"新体验"的重要性，该公司针对特定的棒球球迷的需求，整合了他们感兴趣的评论内容，供其分类收看。

百视通也对视频内容进行多元化、多角度集成编排：一是针对特定人群提供垂直化专区，如"英超""NBA"专区；二是针对时下热播的电视节目设立专区，不仅有电视节目内容，还有大量拍摄幕后花絮独家播出；三是根据不同区域受众的差异化内容需求进行差异化配置，如"粤语专区"和"北方戏曲"等；四是提供高清、付费点播的影视资源内容包。目前，点播电影、教育/幼教、NBA 等栏目每个月为百视通带来的收入各有几百万元。此外，百视通还将其拥有的音乐资源进行开发利用，推出了卡拉 OK 频道，虽然最初并不被看好，但后来却被二三线城市的用户广泛使用，每月带来的收入也超过了百万元。

3. 依据用户行为数据，生成相关内容推送给用户

传统电视频道往往通过广告宣传、节目预告等方式向用户推荐节目或影视剧，这种方式并不能精准考虑用户的需求，难以向用户进行智能化推荐。新电视经营者在内容编辑时，一方面可以依据用户的历史数据，主动总结出排行榜、热门等内容产品给用户；另一方面，也可以在用户正在观看视频的页面或是片尾直接生成相关视频，以推送、关联的形式展示更多内容，从而增强用户的观看时长。

例如，音悦台的"音悦 V 榜"不仅给用户提供很好的热门推荐服务，

而且也是权威公正的音乐榜。它综合 MV 的各项数据进行排名，涉及音悦台站内的播放量、收藏量、推荐量等，还融入了新浪微博、人人网、腾讯微博、QQ 空间等平台的数据，并根据行为程度设定不同的权重，使得音乐 V 榜在听众中很有公信力。

为了能够及时了解用户的使用、消费行为，并对受众的需求与喜好做出预判，以此作为内容采集、购买和制作的重要依据，百视通专门成立了数据研究院，通过对全国的用户机顶盒数据进行分析，综合用户点击量、用户黏着度、收视时长等要素，从内容总库确立了自身的强势内容产品，并以此为依据做到对内容的智能推荐。百视通还会在大量内容进行数据分析的基础之上，实现内容的智能关联推介。热点推荐、关联新闻、关联事件等会在第一时间内为用户提供索引，节省了用户查询和搜索的时间，满足不同层次细分受众的需求，为用户带来更好的使用体验，留住更多的用户注意力（图 2-4）。

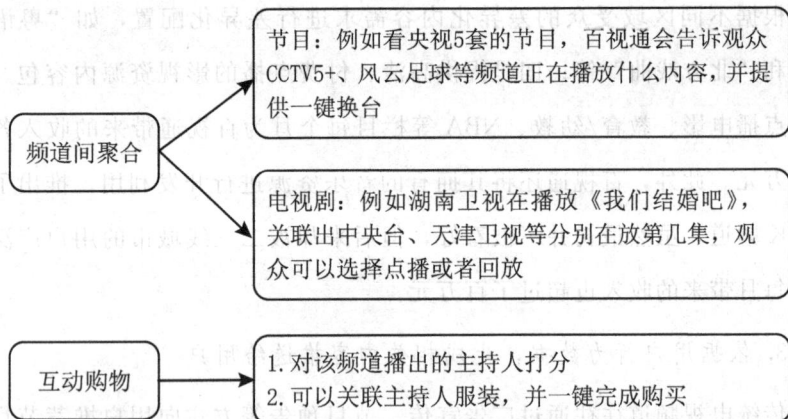

频道间聚合 → 节目：例如看央视5套的节目，百视通会告诉观众 CCTV5+、风云足球等频道正在播放什么内容，并提供一键换台

频道间聚合 → 电视剧：例如湖南卫视在播放《我们结婚吧》，关联出中央台、天津卫视等分别在放第几集，观众可以选择点播或者回放

互动购物 → 1. 对该频道播出的主持人打分
2. 可以关联主持人服装，并一键完成购买

图 2-4　百视通数据研究推介

（三）内容策划使用用户黏着于内容——电视社交

在新电视时代，互动让内容添加了更多的功能和玩法，让用户在使用中体验到除视频内容之外的乐趣。

湖南卫视出品了一款面向客厅用户的移动互联网应用——呼啦，该应用集电视点播、信息服务、游戏娱乐、社交体验以及物质激励于一体，以电视社交的方式缩短用户与电视之间的距离。正如湖南广播电视台副台长张华立所言，"为什么广电把持着这么好的内容，却做不出好的官网，好的 APP？要想想究竟是哪些人在做咱们自己的新媒体。过得太安逸的'老人'是做不出好产品的。年轻血液、激励考核、权力下放才能带动我们的新媒体的转型"。

Into Now 是美国的一款电视社交应用，能自动识别用户当前正在观看的电视剧，并为其提供最新的热门电视节目推荐，用户可以用 Into Now进行签到、分享，以及跟同时收看此电视剧的好友进行交流互动，助力手机屏和电视屏紧密结合。

三、内容的分发：多终端与跨屏是表现，云平台是根基，接触用户是指向

内容分发的概念并不新鲜，但是新电视机构在内容分发的操作上首先是构建起一个统一的内容云平台，统一管理与分发。在内容分发时有两点要素：一是注意适应不同的终端对内容产品的需求，从而生产、编辑、设计出不同的内容产品进行分发；二是积极与外部渠道、终端机构合作，实现多元分发（图 2-5）。

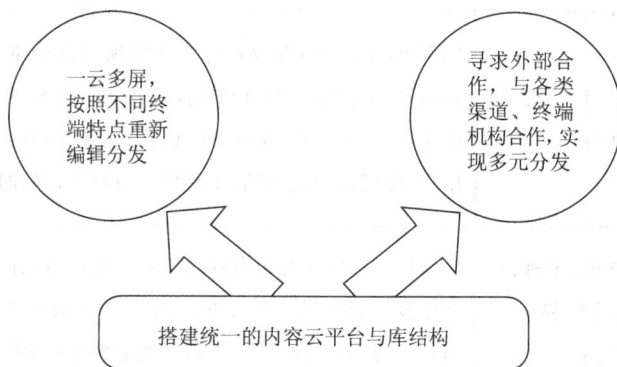

图 2-5　内容的分发

（一）以云平台完成集成，进行多屏分发

为了最大化地利用资源，国内外的广电机构都致力于实现多网络、多终端、全媒体的互联互动，即将所有内容资源统一集成到云平台之后再根据各个渠道的不同需求进行相应的转码、合成与分发，使得用户在任何时间、任何地点都可以获得全国广电机构、内容生产商、服务商提供的优质视频内容（表2-2）。

表2-2 新电视企业的云平台布局

机　构	分发终端	云平台功能
华　数	电视、手机、互联网	在云平台上，华数初步形成了媒体云、转码云、游戏云和服务云四个平台，其中转码云主要承载视频转码服务，经过转码合成之后实现跨屏的分发
百视通	电视、手机、互联网、移动互联网	"一云多屏"战略：建成"统一媒资、统一管理、统一运营和统一服务"的视频云服务系统。百视通虽然有 IPTV、OTT TV、手机电视、网络视频等多个内容渠道，但在内容生产、集成、审核、采购上都是统一运营的，随后通过百视通独立的内容分发系统进行不同渠道的转码、合成与分发
歌　华	电视、手机、互联网	全媒体聚合云服务平台为开放平台，通过此平台可以实现对云游戏、全媒体内容聚合、跨屏应用等业务的支持
康卡斯特	电视、手机、互联网	"TV Everywhere"战略：将有线电视内容延伸至互联网及移动端，从而实现对所有可能收视人群的覆盖。在云平台的支持下，凡是在 Comcast 既订购宽带又订购电视业务的用户，都可以通过网站、手机等随时收看正版的视频资源
BskyB	电视、手机、互联网、移动互联网	BskyB 将自身的视频内容进行整合集成后，分发到卫星数字电视直播网络、移动电信网络和互联网端（Sky Anytime，Sky Go，Now TV 等），实现了多渠道的跨屏分发

首先，这样的内容"大一统"平台，便于电视机构对内容的管理和审核，在我国的电视媒体环境下，云平台更适合于有关部门的监管。其次，云平台以统一的格式进行转码储存，从而形成统一的标准，为内容跨屏传输奠定基础，实现内容的多屏幕、多终端融合分发。

平台一体化为后台服务统一化奠定基础，用户可以在多个屏幕使用同一个账号，享受所有终端都是一致的服务。例如，登录用户在电脑端看了一个视频，在 20 分钟的时候结束本次收看，待用户在手机端看同一视频时便可以从上次终止收看的时间点继续收看。

（二）寻求机构合作，扩大内容影响力

就目前看来，能够在所有终端上实现内容布局的新电视机构还较少，在某些终端渠道表现强势的同时也必定在另一些渠道存在弱势甚至空白的分发能力。例如，视频网站这样的新电视机构，擅长攻坚电脑屏和手机屏，但是在电视屏上的内容分发能力几乎为零，因此与电视台等机构进行合作实现跨机构合作分发成为他们实现多终端布局的关键。相反，传统电视机构在 PC 端和移动端的影响力较弱，与视频网站合作能够拓展内容在不同屏幕不同端口的影响力。

因此，除了通过自身的云平台和内容输出渠道进行分发之外，很多没有云平台或者多终端渠道入口的机构，还通过寻求与其他终端商合作的方式，让内容在多终端上进行"软着陆"，实现了内容的跨屏、跨机构的横向传播，提升了内容的覆盖范围，增强了自身的影响力和广告价值（表2-3）。

（三）根据不同终端特点分发有差异的视频内容

电视、电脑、手机、平板等终端的特性各不相同，用户使用的终端或接触场景也不尽相同，因此各终端对内容的需求也是相异的。在电视和电脑端，用户倾向于长视频；而在手机等移动端用户则更倾向于

表 2-3　新电视企业的合作式产业布局

机　构	形　　式	优　　势
康卡斯特	Xfinity TV APP，Xfinity Mobile APP 抢占移动互联网入口	智能手机、平板电脑等移动终端均可使用 APP，享受随时随地的移动终端 Comcast 视频体验
	与微软合资研发 Xbox 360 游戏机，抢占游戏机入口	将游戏机发展为能够在游戏、DVD 和付费电视之间轻松转换的设备，给用户提供更多的娱乐内容
	联手 Twitter，抢占社交媒体	Twitter 在所有有关 Comcast 节目的消息旁边增加"观看"按钮，如果是 Comcast 的用户，点击后登录账户，就可以通过各种终端快速转换至特定频道或者使用 DVR 通过移动设备直接录制这些节目
BskyB	联手 Talk Talk，抢占移动互联网入口	允许 Talk Talk 公司在其 You view TV 服务中提供天空电视系列频道。此举有助于天空电视扩大其覆盖面，进入更多的英国电视家庭，也为其内容实现了更广泛的分发
爱奇艺	联手电视台，抢占电视入口	2013 年爱奇艺累计向近 30 家电台、电视台反向输出自制节目内容超过 4 万分钟，既包括《娱乐猛回头》《以德服人》等娱乐、访谈节目，也有《城映像》《在线爱》等微电影、网络剧等长视频内容，实现了视频内容的更广泛分发
	联手 IPTV，OTT TV	与百视通等 IPTV，OTT TV 企业合作，推出爱奇艺 APP，植入百视通的应用商店，使得用户可以通过电视机直接收看爱奇艺的海量视频内容

短视频和片段视频的浏览和观看。因此针对不同端口的媒体特性进行相应的内容编辑、调整再着手分发是新电视在内容分发上都较为注重的。

1. 小屏端：新闻资讯类和原创搞笑类的短视频更吸引用户

针对移动、小屏幕的电视内容接收端口，用户的时间往往较为碎片化，因此内容上主要是满足用户随时随地获取所需资讯或是路途中的消遣娱乐，新闻资讯类视频、原创搞笑类视频等在手机视频中拥有相当广阔的市场。由于流量的限制，视频的长度也较电视端、电脑端短很多，通常都是将长视频进行剪辑、分拆之后呈现在手机用户面前的。

2. 大屏端：内容分发更注重增值服务性

大屏幕能够承载更多的业务和内容形式，且用户能够在大量集中的时间里通过大屏幕进行更多的操作。新电视并不仅仅是一个播放电视信号的媒介，更是一个能够满足受众多种需求的平台。因此，在电视端、电脑端，新电视方会推送、分发长视频、多主题的内容，并提供更多的增值服务。

例如，百视通在电视端会为用户提供包括影视剧、音乐娱乐、新闻、体育、财经等视频内容，同时提供如气象、旅游、棋牌游戏等信息类的服务，还不断推出新业态，如阳光政务、教育产品、网上银行服务等，使IPTV的增值服务功能不断提升；而在手机端，百视通则没有这样丰富多彩的增值内容。

四、内容的营销推广：让内容更有商业价值

在电视内容极大丰富的今天，再好的内容也需要借力营销推广，获得买家的注意力。通过媒体推出内容，通过话题、活动黏住用户，通过技术提高效率成为新电视环境下内容营销推广的主要手段，除此之外，控制营销成本也是经营有道的重要体现（图2-6）。

传统电视台呼吁进军新媒体、全媒体的口号已经有很多年，目前，传

借力媒体大力推出内容，吸引注意力　借力话题、活动黏住用户　借助技术，让推广更有效　花最少的钱做最多的推广

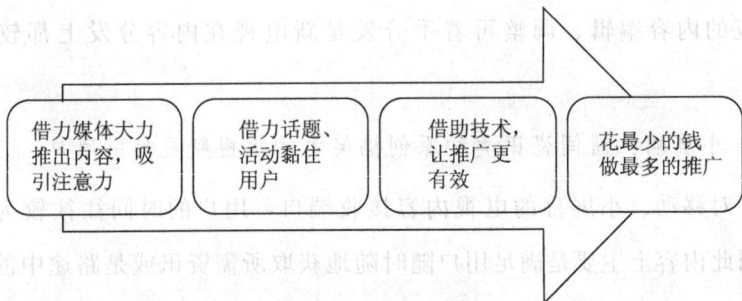

图 2-6　内容的营销推广

统电视台也已经在多终端、多渠道进行布局，因此在进行内容宣传和推广上都会充分使用这些不同终端、不同渠道的宣传推广资源。新电视也同样借鉴传统电视台打通多媒体、多角度资源的方式和方法，从而提供整合的营销推广方案。

（一）内容营销与推广——多媒体平台的使用

目前，大多数电视机构都已经在多终端、多渠道进行布局，因此在进行内容宣传和推广上电视机构都会充分使用这些不同终端、不同渠道的宣传推广资源。不论是传统电视台还是新电视机构，在新电视环境下，都集全平台力量推广自己的优质内容。

例如，湖南卫视对拿手的选秀类节目，会在湖南新闻联播中报道，会在访谈节目中报道，也会在《快乐大本营》《天天向上》等收视率极高的娱乐节目上时不时地播报一下最新进程或幕后故事，通过这些办法，湖南卫视达到了资源的最大限度利用和开发。而从品牌塑造和扩张的角度看，这种交叉推广有助于形成整体的品牌宣传网络，造成宣传上的"和声"效果，达到"一呼百应、相互促进"的功效。

对于传统电视台来说，内容的营销推广多以预告片、线下广告宣传为主，受技术和思维的局限，形式比较单一。但随着包括技术、理念等在内的整个媒介环境的大发展，媒介形式不断推陈出新，营销推广方式也在与

时俱进，不再只是原来蜻蜓点水式的宣传方式。

线性传播向双向传播的转变，激活了用户的互动欲望。新电视机构牢牢抓住自身和受众的共同利益点，寻求沟通的平台和时机，将双方紧密地结合，实现双方之间的良性互动，并通过互动又形成新的节目和产品改进方案，用于节目的规划和设计，为节目推广和运作服务，实现了良性循环。

湖南卫视推出电视互动社交移动客户端"呼啦"，整个任务激励机制与湖南卫视的节目关联起来，除了部分任务可以在线下完成外，大部分任务必须在电视机前观看节目时完成。如果自己当时不在电视机前，也可以委托朋友或者家人帮自己获得积分，但是由于任务与当时电视播放的节目有关，并且有时间限制，因此委托人也必须在电视机前，这样保证了人们会时刻紧跟湖南卫视的电视节目（图 2-7）。

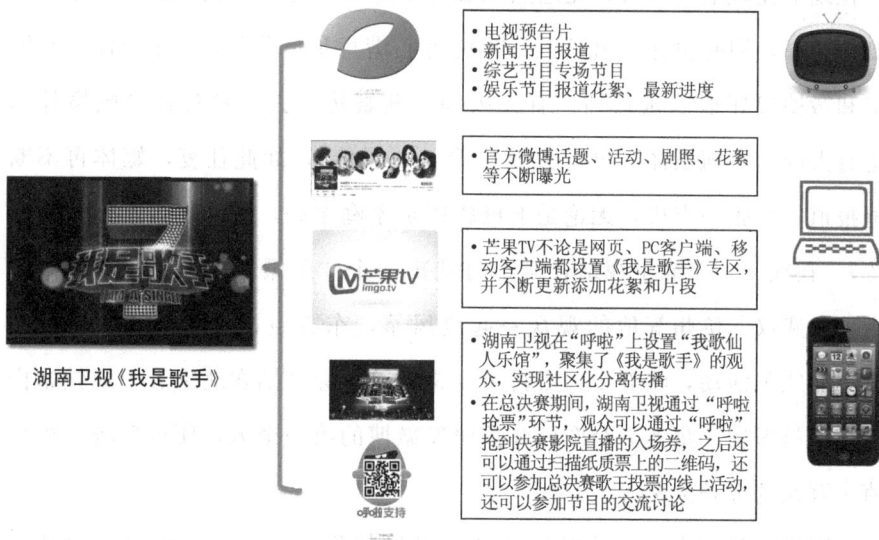

湖南卫视《我是歌手》

- 电视预告片
- 新闻节目报道
- 综艺节目专场节目
- 娱乐节目报道花絮、最新进度

- 官方微博话题、活动、剧照、花絮等不断曝光

- 芒果TV不论是网页、PC客户端、移动客户端都设置《我是歌手》专区，并不断更新添加花絮和片段

- 湖南卫视在"呼啦"上设置"我歌仙人乐馆"，聚集了《我是歌手》的观众，实现社区化分离传播
- 在总决赛期间，湖南卫视通过"呼啦抢票"环节，观众可以通过"呼啦"抢到决赛影院直播的入场券，之后还可以通过扫描纸质票上的二维码，还可以参加总决赛歌王投票的线上活动，还可以参加节目的交流讨论

图 2-7　湖南卫视互动社交方式

（二）内容营销与推广——线上线下相结合

在新电视环境下，除了以广告的形式进行内容的推广，电视机构还会利用"话题""活动"等互动手段推高内容的热门程度，形成舆论效应，

从而进行推广。在线上，电视机构会不断发布有关内容的片花和劲爆消息，并在社交媒体上不断讨论、分享甚至恶搞，吸引用户的注意力和参与热情。在线下，电视机构会把内容中的场景和经典活动还原到现实中，让用户参与其中。既有话题热度，又让用户有参与感，从而更能够激发用户对内容的兴趣，鼓励其进行收看。

在信息渠道多样化的当下，单靠自身平台做宣传难以达到推广的目的，要采用灵活的媒介组合方式，实现立体化、全方位传播，节目也要达到多渠道、全方位、立体式的覆盖和销售。平面媒体、网络媒体、电视媒体、广播媒体及其他所有可以附加信息的载体都可以加以利用，充分利用各自的优势，吸引观众，以达到最大化的覆盖率。

比如，安徽卫视在推广热播剧《甄嬛传》时，剧中的一些主配角不停地在线上光顾电视节目，光这点就赚足了噱头，他们对剧集、人物给了自己的诠释，同时也让"追星"一族更为心满意足。此外，"甄嬛体"在贴吧和微博疯狂地蔓延传播。有人因为《甄嬛传》去主动传播"甄嬛体"，也有人因为"甄嬛体"决定去看一看《甄嬛传》，如此往复，媒体再不断地报道，夸张一点讲，无论是上班族还是家庭主妇，可谓无人不知《甄嬛传》。在线下，安徽卫视结合剧情打造出一个"甄嬛风筝节"，邀请合肥、南京、武汉、杭州等地的观众一起放风筝，东方卫视也发起了"寻找甄嬛"的线下活动，将五个《后宫·甄嬛传》图标分别在北京五个地铁站由工作人员派发，集齐五个图标并拍照发微博的第一个人，便可现场获得价值1万元的金条大奖等。

同样，爱奇艺在推广韩剧《来自星星的你》的阶段，前期在网站上大量投放广告，大量覆盖，追求剧集的高曝光，并不断加大营销力度以维持话题热度。之后回应粉丝热情，在线下投放广告海报，借助自身线下的同名咖啡馆推出"啤酒＋炸鸡"套餐、现场翻译大结局等一系列创新且接地气的营销活动，得到粉丝追捧，该剧在社交媒体上引发了又一轮热点（表2-4）。

表 2-4　爱奇艺全方位推广《来自星星的你》

线上营销	在首页腾出大量广告位宣传《来自星星的你》
	制作《来自星星的你》特辑
	在所有视频贴片广告中插入独家剪辑的《来自星星的你》片花
	在《来自星星的你》的播放页面上推送两位主演的其他影片
线下营销	在中关村地区投放"都教授"系列广告
	将三里屯的爱奇艺咖啡馆外墙装修成巨幅《来自星星的你》海报,并提供"啤酒＋炸鸡"的套餐
	组织粉丝在爱奇艺咖啡馆观看大结局,并聘请口译当场翻译

（三）内容营销与推广——适度推送

在对内容的营销推广上，新电视机构凭借自身技术优势，通过收集分析用户的行为数据，向用户提供最贴合自己需求的内容，"投其所好"。这种个性化的内容推荐效果更好，更便于用户直接进行内容的收看。

铺天盖地的节目内容常常使人产生审美疲劳，相比过去节目匮乏的年代，人们更容易处于"剧荒"的状态，常常不知道该看什么好。这时候，在搜索引擎基础上深度挖掘其社交功能的推荐引擎就发挥了重要作用。推荐引擎的出现使得节目内容得以精准地推送到用户面前，从而降低了用户流失的可能性（图 2-8）。

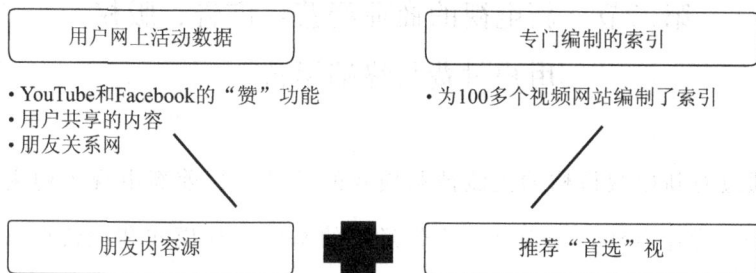

图 2-8　Netflix 的 Matcha 推荐引擎

（四）内容营销与推广——成本控制

随着内容资源的日益增多，在海量的内容中如何为用户提供满足其需要的服务对于内容播出方来说是至关重要的，因此播出方也就不惜花大价钱做营销推广，以期让内容能够进入更多观众的视线，这样内容才有实现更多价值的机会。

新电视在内容的营销推广上更加注重"免费"和"资源置换"，在营销推广的费用上新电视控制有度，成本意识较强，能够置换的宣传资源就进行资源兑换，并不会花大价钱进行其他媒体资源的宣传推广。

2013年4月12日，湖北卫视用63万元的高价购买了当天湖南卫视的《我是歌手》总决赛之夜的15秒的广告位置，开创业界先河的同时也在网络上引发强大的话题效应，数十万网民在决赛夜当晚静候《我是歌手》谁是冠军的同时，也在关注此条宣传片能否如期播出。

2013年爱奇艺获得湖南卫视年度重磅综艺选秀节目《2013快乐男声》独家网络版权之后，拿出总价值超过2亿元的全媒介及内容资源整合爱奇艺、百度及PPS三大平台资源，对《2013快乐男声》进行全媒体推广。除此之外，爱奇艺还启动《爱奇艺早班机》《娱乐猛回头》《综艺大嘴巴》等多档王牌自制节目，对节目进行主题化联动推广。

第二节　新电视的商业经营：广告、版权、
用户付费与终端运营

通过对新电视机构的主流盈利模式的总结，目前新电视机构主要有五种经营操作方法，分别是以广告经营的基础盈利模式和经营点、以版权销售和内容投资获益的资源型盈利模式和经营点、以用户付费（包括个人用户与机构用户）的重点拓展盈利模式和经营点、以电视终端销售

的跨界型盈利模式和经营点，以及以平台合作收入的衍生型盈利模式和经营点（图2-9）。

基础盈利模式和经营点	资源型盈利模式和经营点	重点拓展盈利模式和经营点	跨界型盈利模式和经营点	衍生型盈利模式和经营点
广告经营	版权销售、内容投资获益	用户付费：包括个人用户与机构用户	电视终端销售	平台合作收入

图 2-9　新电视机构经营操作方法

总体来说，广告经营、版权销售和用户付费是目前新电视机构最重要的战略经营方向。版权销售和用户付费都是未来的培育重点。在这些经营操作方式上，新电视机构与传统电视台既有相似与借鉴，也有差异与创新。

与传统电视台的经营方式相比，新电视机构的商业经营最大的差异点在于：这些机构都在试图构建一个统一的经营平台，使得各种盈利模式、经营手段能够附着在平台之上，进行统一的管理与运营。

一、广告经营：竞争与替代正在发生，考验的是广告产品设计和运营能力

同为电视广告，新电视广告除了拥有传统电视广告一样的功能和属性外，还有更新、更好的广告功能，新电视广告的优越性给传统电视广告带来巨大冲击，与传统电视广告正逐步形成直接竞争与替代关系。

新电视广告正在逐渐壮大、升级，广告规模不断攀升，未来发展前景也被业界看好。新电视新的媒体特性、新的技术及用户新的行为特征等带来了新的电视广告形式，特别是新的技术，对优化广告、提供更好的广告服务有着极大的推动作用（图2-10）。

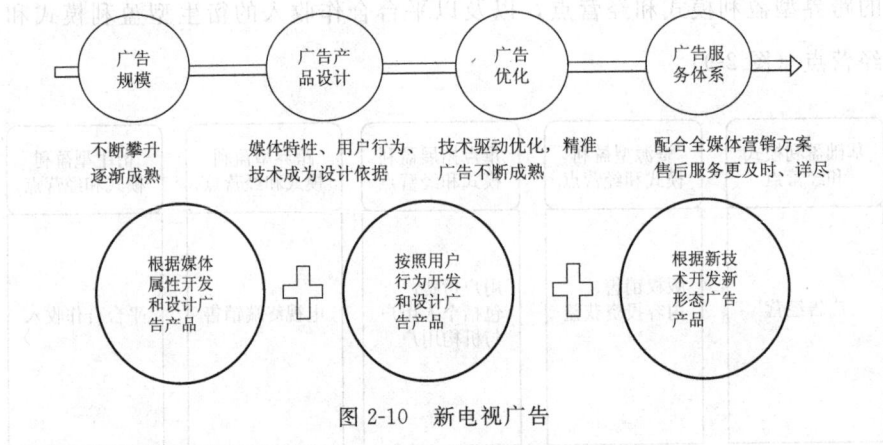

图 2-10　新电视广告

（一）提升广告产品的设计与策划能力

1. 根据媒体属性开发和设计广告产品

不同于传统电视只有一个播放画面，新电视是网页和播放器的结合，因此，在广告承载上兼具了网页广告和播放器广告的能力，并且还可以把两者结合，设计出新的广告形式。此外，根据用户在新电视上的收看行为方式，也可以开发出各种不同的广告形式。新技术的推陈出新，更是为新电视广告的多样性开辟了新天地。

新电视的媒体特性兼具网站特性和视频特性，是非线性的富媒体，因此能够包含海量的内容。一方面，兼具网站特性，因此网站所能够提供的横幅广告、图片广告、弹窗广告、文字滚动广告等都可以成为新电视的广告产品；另一方面，播放电视内容的时候也可以像电视一样插入广告，如前贴片、后贴片、中插广告（图 2-11）。

更重要的是，新电视由于共同拥有两者特征，能够兼容并包，设计开发出新的广告产品，广告专区就是其中整合了各种广告产品而形成的新电视特有的广告类型，广告专区包括品牌信息、TVC 展示、产品相关节目、目标用户互动信息等，并且还可以根据客户需求定制互动内容，从线上到线下，增进品牌与用户的互动（图 2-12）。

图 2-11 华数的"类网站"广告（屏幕截图）

图 2-12 百视通 IPTV 欧莱雅广告专区（屏幕截图）

2. 按照用户行为开发和设计广告

基于用户在使用新电视观看视频，或者使用各种应用产品时的行为与动作，新电视机构开发了形态各异的广告产品。在开机、收看、暂停、快进或快退、切换、退出等一系列动作中，新电视机构都打造了相应的广告产品（表 2-5）。

表 2-5 新电视机构开发的新广告产品

用户收看行为方式	广告形式	广告设计特点
开 机	• 图片广告 • TVC 广告	在开机的瞬间紧抓用户第一视觉注意力，且不可快进、切换

续表

用户收看行为方式	广告形式	广告设计特点
收看视频	• 中插TVC广告 • 固定图片广告位	结合页面风格、品牌元素进行创意设计图片推荐位,固定图片位广告可做链接,链接至网页相关内容或广告专区
暂　停		暂停是新电视用户经常使用的功能。当用户按暂停按钮后,将弹出暂停框同时在上方出现广告
快　进	• 静帧图片广告 • 简单动图广告 • 带链接的图片广告	
切　换		在进行这些操作的时候,都需要有一定反应时间并且会出现窗口向用户确认"是否"进行操作,出现页面可以展示广告
退出确认		

3. 根据新技术开发新形态广告

各种新的技术在新电视中不断推出,新的技术带来广告形式丰富的可能性。3D、虚拟触控、视链等技术都是新电视方设计更多种类、更丰富形式的广告的前提和基础。

例如,百视通已经成功将"虚拟触控"技术运用到直播中,演播室与虚拟技术相结合,可以构成一个新的空间。在英超比赛直播过程中,主持人可通过拖拽等手势让广告创意即刻呈现在观众面前,在虚拟的空间中,让广告附着其中,科技感和新颖感更易于让用户接受并留下深刻印象(图2-13)。

图2-13　百视通虚拟触控——呈现更多的广告创意形式(屏幕截图)

　　用户可以通过点击广告直接了解到有关广告产品的相关信息，从而促进销售。通过开发新的技术，让视频内容中已有的植入广告获得再次利用，让用户在看到植入广告有购买意愿和查询意愿的时候能够实时进行信息查询，视链广告就是这样一种新的互动广告形式。视链可以实现为视频中的人物或产品添加注释的技术，为用户提供立体化观看体验。在用户看视频的过程中，可以把鼠标移到某个对象上，如一个演员或一个商品，视频中会闪现相应的词条注释，除了可以提供相应信息，还可以用于营销中，如用户看到视频中的某个商品，鼠标划过即可闪现注释，用户点击注释即可导向详细信息和购买页面。用户鼠标点击离开，注释就自动隐藏。

　　例如，珠宝品牌潮宏基将自己的品牌产品植入电影《非诚勿扰2》中，其后联手爱奇艺，在其网络视频版本的《非诚勿扰2》影片中尝试了视链广告植入模式，因此凡是在内容中出现潮宏基品牌产品的身影都可以向观众展示详细的产品信息，并可直接将其带入购买页面（图2-14）。除此之外，百视通在IPTV上也实现了这种类似视链的广告形式，允许用户在点播内容的时候直接链接到商城进行购买。

图 2-14　《非诚勿扰 2》中视链广告（屏幕截图）

非常重要的是，几乎所有新电视界面上的广告都是可以点击的。也就是说，新电视的广告产品缩短了从"吸引用户注意"到"用户付出实际行动"之间的距离。一旦广告引起用户的注意和兴趣，用户就可以通过点击行为进一步获取广告产品或服务的详细信息，甚至通过在线方式完成即时购买。在广告产品过剩的时代，这种更利于提升广告 ROI 的形式显然对广告主极具吸引力。

为了赢得广告主，新电视机构在设计和开发出各种广告产品的同时，也在精准投放和广告服务提升等方面花费了较大的心力。

（二）广告经营要依赖技术驱动实现管理优化

技术驱动电视广告功能升级，让用户从"看广告"到"玩广告"；也可以让用户看到自己想知道、想了解的广告信息，而不是被动地接受自己不需要的"信息垃圾"。

1. 跨屏互动让电视广告更易吸引用户注意

二维码是融合线下与线上的关键桥梁，在广告片中植入二维码可以带给观众一个全新的体验。二维码电视广告使广告不再仅仅是单向的，观众也能参与互动，从而让看广告也能变得更好玩、更有意思。广告主通过电视广告进行品牌宣传，也能够凭借电视上的二维码让消费者快速进入自己的活动专区网站，让广告效果上升多个百分点。

2012 年 3 月，在中央电视台天气预报期间，全国的电视观众看到了"支付宝二维码"广告片，这也是全国第一个二维码电视广告。除了展示支付宝在航空旅游、网购消费、生活缴费等无处不在的支付外，该广告片最大的亮点在于右下角始终有一块二维码图形。用户使用支付宝客户端中的"悦享拍"扫描这个二维码图形，就可以进入一个在线的活动。通过这种跨屏互动的形式，让用户主动参与到广告活动中。

2. 依托大数据精准广告成为可能，并升级电视广告产业链

首先是充分收集用户数据，为之后的精准投放做准备。传统电视的问

题是找不到受众，收视样本依靠抽样完成。新电视则可以根据收视记录，收集有关用户的基本信息，如通过设备定位的家庭住址、收看习惯。这些数据被不断积累、收集、整理，从而形成每个新电视的大数据库，为接下来的精准广告投放提供了基础。

例如，由于 IPTV 的交互性，百视通拥有了引以为傲的"全样本数据"：一方面，包括基本信息，如通过设备定位的家庭住址等；另一方面，包括通过分析用户的收视行为获得的年龄、性别、偏好等，并且系统会根据线下的行为不断进行线上修正。通过数据深度挖掘每个 STB（机顶盒）背后的家庭结构、消费敏感性、偏好度和节目喜好，百视通能够根据客户的需求将广告精确覆盖到目标人群。

其次是充分利用各类新技术。可寻址广告的核心价值用一句话来说，就是"同样的人看同样的节目，但是他可以看到不一样的广告"。例如，麦当劳在北京提供买一送一的活动，在上海提供打七折的活动，那么在北京收看新电视的用户就可以收到"买一送一"的广告信息，在上海收看新电视的用户则收到"打七折"的广告信息。

由于对用户的识别、定向等工作量、技术量较大，多数新电视机构会选择与技术公司合作，尤其是在国外，专业性的精准电视广告公司大批量出现，如 Black Arrow，Invidi，Visible World 等，大量的科技公司也不断完善其精准电视广告业务来解决方案的业务，如 Google，Adobe 等。通过采用这些数据技术公司的精准广告解决方案，新电视能够更有针对性地去投放广告，拓展渠道及开发业务，以提高广告额度，增加客户对广告的满意度（表 2-6）。

（三）有好的广告产品，还要升级广告服务

1. 为广告主和代理公司提供详细、精准的广告投放数据服务

传统电视台也能够提供给广告主广告投放的反馈，但是相对而言比较抽象和笼统。由于技术和数据的支持，新电视方能够提供给广告主更

表 2-6　技术支持下的新电视广告解决方案

新电视	数据技术合作方	广告解决方案及策略
百视通	中国电信	以家庭固定地址为记录,通过用户固定信息,在收看数据回传的技术上,增加电话回访环节,从而进行数据分析、广告投放改变。整体来说,技术和方法还较为原始
维亚康姆(Viacom)	Adobe	采用其受众信息整合数据管理平台系统 Adobe Audience Manager,制定出"surround sound"跨平台受众定位策略
康卡斯特(Comcast)	Black Arrow	采用其精准广告解决方案,在此基础上康卡斯特全面铺开其精准广告投放系统
康卡斯特(Comcast)	Invidi Technologies	目前正在试点运行,在有线直播电视中定向地向用户推送时长 30 秒的精准广告
DirecTV	NDS	提供寻址广告插入技术和平台增强型观众测评能力,从而更好地收集用户数据、进行精准广告投放
DirecTV	Google	谷歌提供精确广告投放技术并且由谷歌找广告主,允许谷歌电视广告同时投放于 11 个DTV 的电视频道,然后进行分成。而谷歌着手的电视广告客户约有 30% 是新进入电视行业的客户

具体的投放策略。在广告主投放广告之前，新电视方可以根据之前相关广告主的广告投放策略和效果为广告主提供建议；在广告投放过程中也能够实时提供广告投放的数据和效果表现；在广告投放结束后，汇总所有量化数据，在分析的基础上，为广告主接下来的广告投放提供意见和建议。

例如，百视通为立邦漆提供的报告反馈中，详细、明确地报告了广告在受众中的投放频率、到达率等具体数据，并在此基础上提出下一阶段的投放建议（图 2-15）。

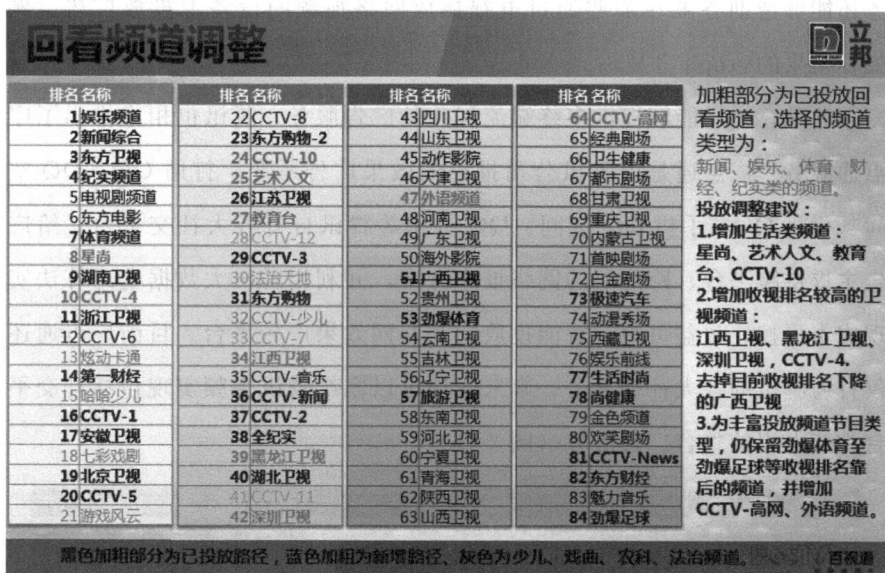

图 2-15　百视通为立邦漆提供的报告反馈（屏幕截图）

2. 向广告主提供工具化、流程化的广告管理服务

RTB 即实时竞价广告，是简化广告媒体购买和广告管理的最为典型的代表。百度、谷歌、腾讯等新媒体机构都研发了独特的类似于"广告管家"的产品，帮助广告主实现科学化、流程化、工具化的广告投放管理。

从新电视的角度来说，这种尝试与实践也是一个非常主流的方式。一个重要的趋势就是借助这些服务和工具，广告主有可能跳过广告公司，掌握更大的广告投放与策划、管理的主动权，与新电视机构之间的合作也更加紧密。

早在 2009 年，谷歌电视广告主管迈克尔·斯泰伯在接受媒体采访时就表示，公司正在开发的新技术可以使广告客户使用同一界面购买电视广告、YouTube 及其他视频网站上的广告。谷歌正在测试这一目前只有少量广告客户试用的 Google TV Ads Online（谷歌电视广告在线）服务。目前传统媒体和新兴媒体两大阵营正在相互渗透。随着更多的用户选择通过网络观看电视节目，谷歌和其他互联网公司从中看到了全新的机遇，并有望从电视台和有线电视运营商等传统电视广告的卖家手中抢夺份额。这一服务还能够帮助谷歌在那些通过电视播放网络视频的设备上投放广告，例如，苹果的 Apple TV。

此外，为了能够提供多终端流程化的广告服务，腾讯也相应推出了广点通服务。广点通是由腾讯公司推出的效果广告系统。打通 QQ、QQ 空间、手机 QQ、手机 QQ 空间、QQ 音乐等腾讯自有各大社交平台，给广告主提供跨平台、跨终端的网络推广方案，并利用腾讯大数据处理算法实现成本可控、效益可观、智能投放的互联网效果广告平台。目前广点通还仅打通腾讯的各大社交平台，未来或许可以联结腾讯视频实现包括社交平台、新电视的整合广告服务（图 2-16）。

图 2-16 腾讯的广点通广告系统（屏幕截图）

二、版权经营：正成为非常重要的收入来源

版权是知识产权的一种类型，对于版权拥有者来说，它拥有不可估量的市场价值。资料显示，BBC 的版权开发占其总收入的 29%，时代华纳的

版权开发占其总收入的 43%。在国内，上海广播电视台 2012 年版权销售和新媒体开发收入达 24 亿元，占总收入的 14%。在近期的互联网企业争夺电视节目版权的激战中，湖南卫视凭借《我是歌手》第二季、《爸爸去哪儿》第二季的网络独播权获利数亿元，浙江卫视与灿星制作更是凭借《中国好声音》第三季独播权收入 2.5 亿元。因此国内外的新电视机构都在积极完善版权销售环节，使之成为创收的重要增长点。

（一）打击盗版，意识先行

如何保证版权内容不被盗版损害价值是版权拥有者进行版权销售、保证收入来源的前提和关键。在海外，版权保护在法律上有着严格的规定，除此之外，美国的优质版权输出公司都会把反盗版提高到企业运营的高度，为自己的版权内容设置"反盗版律师"来把关内容是否被盗用。

相较于国外其他国家成熟的版权制度，我国的版权制度起步较晚，整体架构存在诸多问题。这也导致了现在版权内容盗播盗链现象泛滥，各种电视节目及影视作品片段被大量盗用，版权方无法得到其应有的回报，进一步导致了创作能力退化，优秀作品减少。

因此，除了国家层面的版权立法之外，一些版权拥有方也在积极作为，设立专门的机构部门，反击盗版。

作为中国最早大规模采购正版影视剧的网站——乐视网，除了自设专门的防盗版部门来监控大型知名网站之外，还与全国 100 多家律师事务所合作，进行 24 小时监控。搜狐视频、腾讯视频、乐视网、中国电影著作权协会、美国电影协会等联合发布"中国网络视频反盗版联合行动宣言"，表示将联合对抗快播等的网络视频盗播和盗链行为，并将从即日起全面禁止视频爬虫访问。

当然除了应对盗版的法律、宣言等，版权方也在制定合理的价格体系，如针对不同的购买机构、不同的播出时间、不同的购买内容等制定有区别的价格体系，让符合条件的购买方可以合法获得内容，抵消盗版的负面影响。

(二）严控版权的流出和分销，深挖版权价值

1. 严格控制版权的流出与分销

作为核心资源，优质内容的版权成为新电视机构的竞争利器。所以对于版权的保护、版权的分销、版权的合作等，新电视机构都非常重视。

目前美国四大电视台都与视频网站 Hulu 进行内容合作，除 CBS 仅提供部分电视版权外，其他电视台都把自己所有的内容授予 Hulu 进行网络独播，并且签署协议不允许四大电视台再把内容分销给其他机构。表面上 Hulu 坐享其成，其实不然，四大电视台通过收取内容购买费用、广告分成甚至入股 Hulu 等形式来保证自己的版权权益最大化，而网络的传输渠道只有 Hulu 一家（图 2-17）。

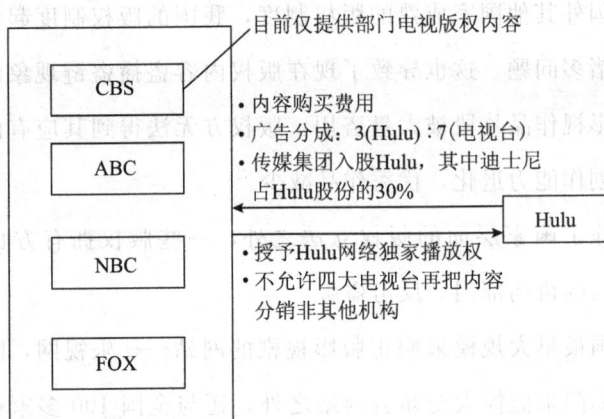

图 2-17　美国四大电视台与 Hulu 的合作方式

2. 平衡版权的销售价值与内容的广告价值

在国外，电视机构会在电视首播、重播、新媒体直播、新媒体点播、新媒体付费点播等传播方式之间建立严格的"窗口期制度"，比如首播之后的一定期限内不会授权转播或点播，电视机构在首播和重播一定时间保证广告价值被发挥到最大值之后，才会授权新媒体传播，并获得新媒体版

权的销售利润。新电视机构的版权分销同样遵守这样的原则。

但是在国内，电视直播往往与新媒体点播之间时间间隔很短，甚至电视与新媒体同时直播。虽然电视机构获得了新媒体版权的销售利润，却让新媒体广告分流了本该属于自己的广告份额。对于电视机构来说，这就形成了广告经营与版权销售之间的矛盾。

《舌尖上的中国2》作为关注度极高的纪录片，此前销售给腾讯、搜狐、爱奇艺、凤凰、乐视、优酷土豆新电视机构，并且点播时间与直播时间仅隔一个晚上，极大地稀释了中央电视台的广告价值。对此，中央电视台在播出前给出了两套补救方案从而进行了平衡。方案一：各家网站提供60秒的前贴片广告，将免掉之前的全部授权费。方案二：各家网站提供40秒前贴片广告，版权费由300万元减为100万元，如果各家不接受上述方案，将取消之前的协议，不再进行授权。

3. 以素材或者二次编辑的形式，获得新的版权收入

正如前文在论述内容产品的策划时所说的那样，版权产品也可以通过适当的拆分和重新编辑，整理成新的版权产品；或者直接以素材的形式进行二轮、多轮销售。

由上海五岸传播有限公司与成都索贝数码科技股份有限公司联合组建的上海五翼文化传播有限公司，依托云技术，在数字版权电商新时代，打造版权信息、咨询、服务和交易的一站式第三方综合交易平台——秒鸽传媒交易网，并正式在中国（上海）自由贸易试验区挂牌成立，这也是它的第三家入驻自贸区的企业。秒鸽传媒交易网的目标是打造中国最大的网上数字版权交易平台，为版权方和版权使用机构搭建起一座有效的交易桥梁（图2-18）。

在秒鸽传媒交易网的建设初期，最主要的可供销售的版权产品就是上海电视台制作的节目的相关素材产品，相当于上海五岸传播有限公司销售完整内容版权之后的二次开发和销售。

图 2-18　秒鸽传媒交易网（屏幕截图）

4. 挖掘版权的衍生价值，形成版权产业链

　　版权产业链是指根据现有版权内容衍生出周边产品，如 APP、游戏、图书等，通过授权、销售等形式获得版权的衍生价值。

例如，《天线宝宝》是 BBC 与 Rag Doll 公司制作的幼儿节目，发行于 1997～2001 年，长达 260 集，每集 30 分钟，主要目标受众是 1～4 岁的儿童。《天线宝宝》已经成为 BBC 著名的幼儿节目品牌，目前已经销售至全球 113 个国家，被翻译成 45 种语言，受到全球约 10 亿儿童的喜爱。BBC 除了进行节目版权销售外，还以《天线宝宝》为基础进行早教游戏开发、发行同名幼教杂志《天线宝宝》。

5. 版权分销形式多样，将资源优势转化为核心竞争力

对于版权拥有者来说，如何让版权资源转化为自身优势至关重要，因此版权方也在积极探索不同的分销方式，不同于原来较为单一的直销方式，现在的版权销售方式愈加多元化，例如版权直销、版权二次分销、分销与广告联营、版权置换等。版权分销形式的多样化也有利于整个版权市场的长期发展。

BBC Worldwide（BBC 环球）是 BBC 音像、书籍等产品的国际销售商，向世界各国销售或是直接出售 BBC 各种商品，或是同相关国家就 BBC 音像、书籍等制品的使用版权进行交易，该中心通过把国际电视业务和商业活动合为一体获得了可观的收入，这些收入主要来自书刊、音像出版、节目发行等业务。除了美国几大电影公司外，BBC 环球是世界上最大的影视内容发行商。

BBC 环球依托 BBC 强大的制作能力，在全球市场广泛应用版权直销方式获利，但对于原创资源相对缺乏的视频网站来说，版权二次分销就成了一个创收的来源。乐视在拥有了对采购的独家版权具有再分销的权利之后，将影视剧授权给其他合作方非独家使用，授权期限不超过独家版权的自有期限，通常分销授权期限以 1 年居多。

除了直接以版权资源换取资金资源的形式之外，版权置换也为版权方之间进行优势互补提供了参考。NBC 就与 ESPN 置换版权，出让"莱德杯"交换足球冠军联赛。ESPN 将"莱德杯"第一日的版权换给 NBC，以增大足球冠军联赛精华回放在各种回顾节目中的使用量。

另外一种可以给国内版权方经营版权提供有益参考的就是分销和广告

联营分成，维亚康姆、NBC 等电视网络就与 Twitter 达成合作关系，向其网站提供更多高质量视频内容和广告。新合作将使得 Twitter 在网站上播放视频，并与电视网络分享广告收入，这种方式更有利于实现版权方的利益最大化。

三、用户付费：让个人用户和机构用户为特殊需求而付费

国内还没有一个用户付费的成熟市场，因此，到目前为止，大部分新电视机构在用户付费上的努力都是为了能让用户进行内容消费的尝试，从而培养国内用户的付费习惯。而在国外，媒体机构为企业提供商业服务成为一种趋势。媒体凭借其在信息、技术等方面的优势，为企业提供定制化、个性化并且有针对性的商业服务，从而获取收入。

（一）多手段与多服务吸引个人用户

无论是国外还是国内，新电视企业都开始打破传统内容的线性编排模式，进行多元化、多角度集成编排，以专辑、专题的方式来呈现内容，不遗余力地推出针对不同用户需求的个性化内容包和多样化的增值服务，以满足不同层次细分受众的需求，从而实现留住用户的目标（图 2-19、表 2-7）。

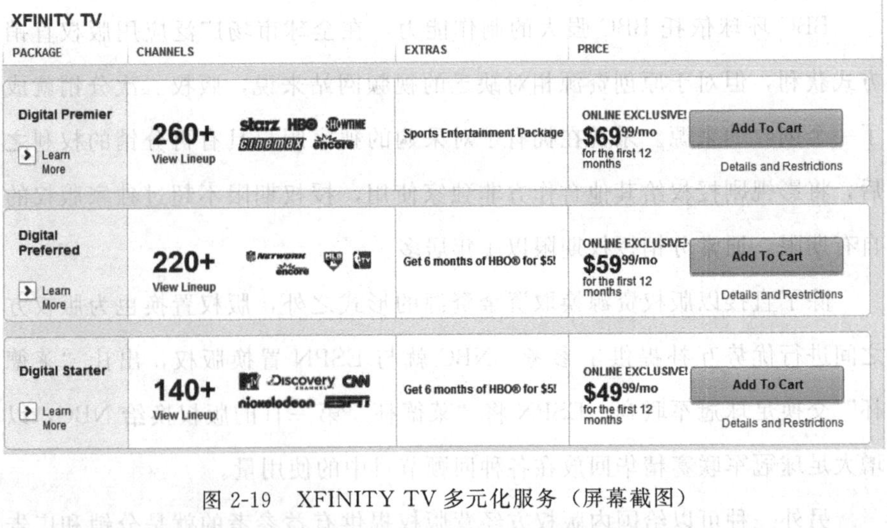

图 2-19　XFINITY TV 多元化服务（屏幕截图）

表 2-7　新电视机构的多元化服务

机　构	内容包或增值服务
百视通	一是针对特定人群提供垂直化专区,如"英超""NBA"专区;二是针对时下热播的电视节目设立专区,不仅有电视节目内容,还有大量幕后花絮独家播出;三是根据不同区域受众的差异化内容需求进行差异化配置,如"粤语专区"和"北方戏曲"等;四是提供高清、付费点播的影视资源内容包
乐视网	如果乐视的受众想收看高清、3D 等增值服务,则必须通过缴纳包月费、包年费等方式享受高质量的视频内容或体验更好的服务,如乐视电视 490 元的年费用户可以享受观看一年的 1080P 高清影片、3D 影片、独播的版权内容等
BskyB	针对英国和爱尔兰不同地区不同收视群的需求,BskyB 将其 500 多个频道细分为 96 种"打包"组合,发展重点锁定在中、青年人家庭。根据频道范围和观众口味的不同,把所有节目制作成几个比较简单的节目包,分为娱乐、电影、体育、高清、额外付费频道等若干种,另外还有 ESPN,MUTV 等额外付费频道。一方面能够降低用户选择的难度,同时也减少了销售管理的复杂性。此外,用户可以选择打包付费也可以选择按次收费
Comcast	首先,Comcast 将整体的付费频道、付费电视网内容直接进行销售,收取用户的订阅费用。其次,Comcast 将频道和付费电视网的视频内容进一步分类、打包,以套餐形式销售,进一步进行分发,创造第二轮内容价值。再次,拆散获得版权的频道和内容资源制成分段视频、剧集分发。对于此类难以获取的经典内容、非常热门或者新近上架的视频,用户乐于按次点播付费。最后,向观众免费发放内容,使其可以免费收看、点击、查询,Comcast 则通过插播广告、页面广告等广告形式获得收益

（二）为付费会员用户提供多种增值服务，提升用户黏着度

国内新电视企业为付费会员提供的业务十分相似，通常包括免费片库、新片抢先看、高清播放、无广告、VIP 专享活动等，并主要通过包年优惠、赠送礼品（优酷包月赠送免费观影券、VIP 专享活动等）、一次支付、多平台观看（由于在很多情况下，电视端、PC 端、移动端的内容权限不同，所以很多用户想在多终端上看到同样的内容需要多次缴费。但是康卡斯特和乐视允许用户在一个平台上支付费用，可在多终端、多平台上进行内容收看）等多种促销手段将用户转化为会员（图 2-20）。

图 2-20　优酷为付费会员用户提供多种增值服务（屏幕截图）

（三）多梯度的价格体系引导用户付费，契合用户不同程度的消费力

有些用户没有付费购买内容的习惯，但是对某些特定内容有一定的需求，因此，如果新电视机构能够提供一种短期的、临时的付费手段，从而让用户体验到内容付费的便捷和优势，在享受高品质内容和服务的同时为用户形成和培养长期的内容付费习惯打下坚实的基础。此外，多种形式、

多种梯度的价格体系也能够吸引不同需求和经济实力的用户来进行内容的消费（表 2-8）。

表 2-8　新电视机构推出的差别化服务

机　构	不同的价格表现形式
BskyB	• BskyB 公司的付费方式非常灵活,既可以将若干频道组合在一起打包付费,也可以选择个别频道签约或者按次付费(PPV),价格亦可以依据频道和节目的质量分级; • 根据频道范围和观众口味的不同,BskyB 的价格标准共有几百种组合,其中,低价组合为 10 英镑/月,基本组合为 16 英镑/月,依次递增为 30 英镑/月和 32 英镑/月,至顶级用户则达到 37 英镑/月; • 这样一来,既照顾到了不同收视群体的不同需求,也随之增强了观众对节目收看的忠诚度,达到了双赢的效果
Comcast	Comcast 的业务套餐充分考虑到了用户的价格需求,以阶梯式的定价策略进行内容分发,满足不同收入水平和性能要求的用户的需求。其中: • 数字电视业务提供的增值服务项目包括 VOD、频道包、节目包、高清电视和 DVR; • 按照不同的频道数量分为 45、80 和 160 个频道套餐; • 按照高清与否将其分为入门级、高清进阶级和高清最佳级等套餐,实行阶梯式的定价策略
Apple	Apple TV 的单个资源销售模式:用户可以预览、租赁和购买电影、电视剧、音乐等视频、音频服务但是不提供打包服务,只能购买单个资源;租赁是指用户享有该片 24 小时的播放权,购买则拥有永久播放权
爱奇艺	爱奇艺的影视收看模式除了 20 元包月不限量收看之外,还有类似国外的影片租赁模式,48 小时内只需 5 元即可不限次数观看同一部影片

（四）开拓机构用户的服务领域

虽然用户付费仍然是新电视行业付费环节的最重要来源,但是由于机构的内容需求更强烈、更加个性化,因此机构付费额度远超用户付费,机构正成为越来越重要的内容付费来源,针对机构推出的定制化、专业化服务也越来越多。

1. 为机构提供定制化的服务，从而收取定制费

目前，机构的定制化服务主要是针对酒店、电梯间、娱乐场所等场景，提供满足机构需求的定制化内容服务，并收取一定数量的定制费用。

以华数为例，目前华数展开了互动电视的酒店业务，拥有 23 万个房间终端覆盖。其中三星级以上宾馆终端超过 80%。杭州地区超过 500 家宾馆接入华数互动电视产品；覆盖杭州地区 12 万个宾馆房间。除了直播节目之外，互动电视还拥有海量的点播内容库，包括在线 600～800 部电影、300～400 部电视剧、170 余个电视栏目、80 余档新闻节目等。除此之外，还提供包括旅游、商旅生活、城市服务、气象、交通等特别为高端宾馆用户打造的内容。其中，商旅生活包括交通工具、世界时钟、航班信息、世界汇率等查询服务，为商旅人士量身定做。城市服务则包括叫车服务、娱乐休闲场所介绍等。旅游栏目介绍城市及周边旅游景点，为宾馆客人出游提供了多样方案，同时，还为酒店提供个性化定制服务、宾馆个性化产品，根据酒店需求，定制个性化 UI 设计和功能模块。让酒店电视机作为酒店品质、文化的宣传窗口，酒店服务的快速入口，旅行信息的获得渠道，让入住酒店的客户在享受高端视觉体验的同时，也体会到高品质的人性化服务（图 2-21）。

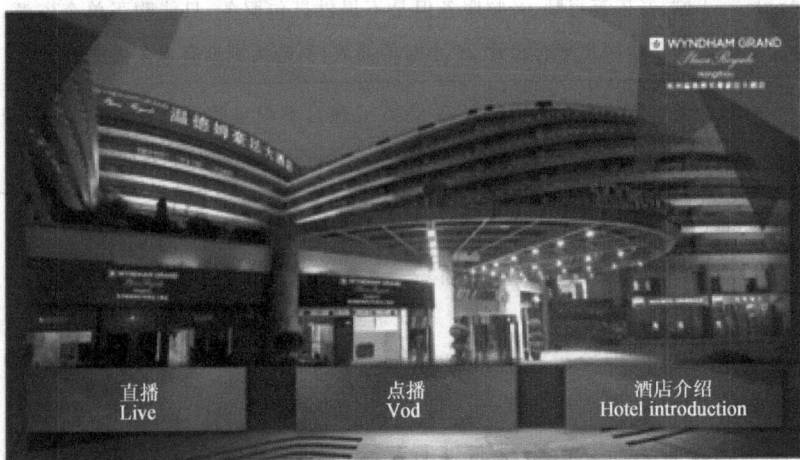

图 2-21　华数互动电视为机构提供定制化的服务（屏幕截图）

2. 盘活自身的信息资源，转型为信息资讯服务机构

新闻、电视剧、综艺节目是电视台内容的"三驾马车"。新闻资讯是电视台的具有垄断优势的资源，并且在较长的时间里都不会实现市场化，是电视台可以对其进行加工利用的重要资源。

在国内，《第一财经》就通过对资讯进行整合从而开发出一条资讯产业链，将自己从媒体成功转型为专业的金融服务提供商。《第一财经》通过梳理和建立财经服务平台，对数据进行整合和利用，实现从媒体资讯到金融资讯的转变。

具体而言，《第一财经》将自身的独家报道、滚动的新闻、各类金融产品公告和精选的研究报告进行采集处理，由各类金融品种实时行情、宏观行业数据和盈利预测数据等数据开发出大数据定制、各类品种筛选、各类定价分析、Office组合插件等工具产品，盘活了自身的信息资源，转型为信息咨询服务机构（图2-22）。

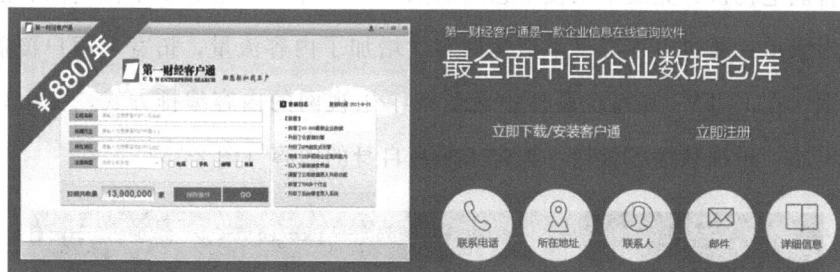

图 2-22 《第一财经》转型为金融服务提供商（屏幕截图）

四、终端经营：布局全产业链的关键

（一）布局终端不仅可直接创造产值，更是战略布局的需求

据奥维咨询报告，2013年，我国电视机市场总销量为4 313万台，其中智能电视机销量为2 170万台，占总份额的52%，销售总额破千亿元。

对于视频行业运营商来说，终端生产是直接创造产值的手段。2013

年 TCL 占我国电视市场份额的 18.1%，居我国市场份额首位。从 TCL 集团数据来看，2013 年 TCL LCD 电视销量为 1 718.4 万台，同比增长 10.7%，销售收入 314.6 亿元。其中智能电视销量达 280 万台，同比增长 90.3%。由于 TCL 在年中才开始与百度合作，智能电视售卖时间不长，因此在其全年电视销售份额中所占比例不高，仅占 16.3%，但其上市 4 个月即实现 10 万台的销量，增速也相当可观。互联网企业乐视网 2013 年总营收 23 亿元，其中在终端领域营收近 8 亿元，占比将近 30%，投资利润率超过 50%。

在终端领域布局的价值不仅在于创造直接利润，更重要的是对自身机构产业链的完善，保障内容资源的良好呈现。自主投入终端生产可以保证视频播放的良好体验，并在系统设计方面以最契合于自身内容的形式来呈现。终端直接与用户接触，最大限度地影响着用户体验。

如乐视布局自身的"内容＋硬件＋平台＋应用"的"乐视生态"，生产智能电视机，完成了乐视生态圈的闭环。这样一来增加了乐视网内容的输出渠道，通过电视屏幕来消化内容，增加了内容流量，拓宽了用户覆盖范围。在 LeTV UI 系统设计中就延续了乐视网的内容编排方式，突出乐视出品、乐视独播等板块，契合于乐视自身的内容（图 2-23）。

图 2-23 乐视 LeTV UI 系统（屏幕截图）

（二）终端销售是延长价值链的关键

新电视的终端范畴不仅包括电视本身，也包含终端配套的周边设备如游戏手柄、高清转换器等，可为企业带来额外收入。终端关系到自身的服务和内容，决定着用户体验的把控，从而丰富和衍生服务价值。

由于新电视领域终端不仅包含硬件的范畴，更包含系统及应用商城，这就给终端销售方提供了更多售卖方式。例如，可以将硬件销售和服务费打包售卖，如乐视在售卖盒子过程中选择"服务收费＋硬件免费"的模式，预交490元/年的服务费即可获得乐视盒子；服务费捆绑在智能电视上进行售卖，如70英寸[①]智能电视MAX 70售价为两年980元的服务费＋8 999元的硬件价格，服务费中包含一年的高清影院、3D影院等会员服务，一年之后，用户不续费会员依然可以收看乐视及CNTV的免费节目内容（表2-9）。

与服务捆绑进行终端售卖，可以让硬件在销售中有更强的价格优势，市面上70英寸的智能电视普遍需要1万元以上的价格，而乐视MAX 70不到1万元的价格，还可以使用户获得两年的会员服务。因此服务和终端的捆绑销售对于拥有内容资源的企业，一方面可以获得价格优势；另一方面，也可以借此彰显内容上的差异化优势。

表2-9　国内数款机顶盒功能一览

产　品	卖　点	价　格
百视通小红酷盒	来自百视通的海量内容,新闻、资讯更新快; 匹配百视通网络宽带服务更优	699元
中兴九城FUN盒	来自九城的游戏资源,主打游戏体验	698元
天猫魔盒	主打购物功能,支付系统便利	299元
乐视盒子	主打乐视的优质内容和服务, 最大的电视应用市场	服务费490元/年＋ 终端免费
小米盒子	主打MIUI系统,多屏联动功能	299～399元

---

① "英寸"为非法定计量单位，此处为叙述方便仍引用"英寸"。1英寸＝2.54厘米。

（三）终端销售需要灵活的推广方式

创业公司对终端的营销渐趋灵活，充分利用自身既有资源，在吸引消费者的同时将成本控制到最低。

小米的营销手段颇受业界称道，概括起来就是以下几种：饥饿营销——小米的终端销售以低价刺激需求，同时控制供货，形成紧俏的卖方市场，吸引消费者在官网抢购（图 2-24）；社会化营销——在社会化媒体平台不断制造新话题，保持一定量的媒体曝光度；粉丝营销——设立小米论坛，吸引粉丝在其中讨论，用系统增强用户和开发者的黏性，形成"用户—开发者—系统"的良性生态循环。

图 2-24　小米的饥饿营销（屏幕截图）

乐视电视在供货上也有计划地控制节奏，在一定周期内保持一定的供货量，形成一定的卖方市场。乐视否认这样的营销是饥饿营销，消费者可以随时预约，在下一轮供货中购买。乐视网充分利用自身网站资源，在片前广告的缓冲界面贴出自己的电视售卖广告，视频的背景广告也贴入相应时期主推的广告，如母亲节到来前的一周，乐视背景广告就推广了"周二现货日，送给母亲的礼物"（图 2-25）。

图 2-25　乐视网在片前广告和背景广告中为终端产品做推广（屏幕截图）

五、作为平台方获利是媒体经营的最高境界

电视机构可以为开发商提供一个内容交易的平台，为那些有技术、有内容、有产品但是没有相应的硬件、软件和用户基础的开发商提供一个平台。平台方提供空间，允许开发商上传内容、产品，自己则可以收取入场费、托管费、内容推广费，甚至收益分成等。

在我国，一些新电视机构也开始重视内容的平台化运营。一方面，通过开放内容集成，将传统电视内容融入互联网元素，多元化、多角度集成编排，打破传统内容的线性编排模式，以专辑、专题的方式来呈现内容，以推送、关联的形式来展示内容，满足不同层次细分受众的需求，从而实现留住用户的目的；另一方面，通过开源内容平台吸引第三方开发商入驻平台，创新盈利点（图 2-26）。

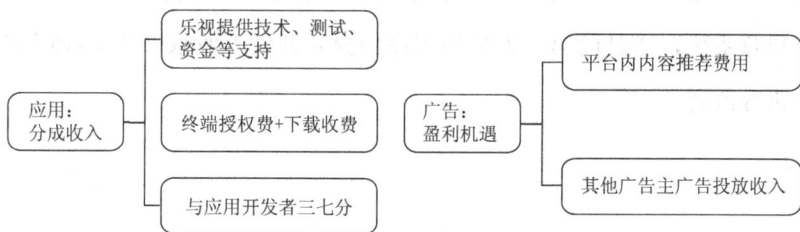

图 2-26　新电视机构平台化运营

例如，视频网站乐视就形成了乐视云平台。乐视云平台上集成了多方内容，合作方包括江苏广电、浙江卫视等广电机构，京东、淘宝等电商，游戏、汽车等垂直类媒体，同时鼓励 UGC，在节目和应用的集成上都实现了社会化，乐视成为国内最大的电视应用方，而应用分成成为乐视重要的赢利点，就乐视 2013 年营收来看，占营收近 46％的平台广告收入已成乐视的盈利支柱。

与乐视网类似，华数也在建立自己的平台。目前华数与百度达成战略合作协议，在华数运营的数字电视机顶盒及互联网电视播控平台上嵌入百度搜索、百度知道、百度图片、百度地图、百度音乐等核心应用。华数与盛大游戏、文学等应用合作。华数互联网电视推出电视微博新应用。华数互联网电视开通电视支付宝，同时还推出了携程商旅应用服务，只要在家通过互联网电视页面就可进行携程机票、携程酒店的查询、预定功能。平台建设成功，下一步就是获得盈利。

海外一些新电视也通过平台方获利，比如 Apple TV 和 Google TV。以 Apple TV 为例，Apple TV 的 iCloud 服务可以把用户的照片、视频、文稿等存储到云端，用户在使用 Apple TV 时可以随时调用。iCloud 的收费标准是 5GB 以内免费，超过这一储存量便收取 20～100 美元的年费。

拥有多个苹果设备的用户乐于购买此项服务，以求实现在不同终端之间的无缝切换。Apple TV 的 App Store 拥有丰富的应用，是世界上应用数量最多也是下载量最高的智能手机应用下载平台。与 Apple TV 平台类似，Google TV 也提供开放的平台，为生产商和应用开发商提供了发布产品的良性开源系统，通过向第三方应用程序的独立开发者收取 20％的佣金实现平台获得盈利。

第三节 新电视、大视频，内容评估与交易新需求

新电视产业的发展与媒体的视频化是同步发生的——以视频为业务形态、产品形态的机构越来越多。在这个环境中，视频内容市场格局从单一走向多元竞争，同时视频内容本身的生产分发组织模式、用户的信息接收模式、互动方式也发生了改变。与此同时，视频内容的价值评估、交易模式也需要做出相应的调整，来适应时代、市场、资本、用户的需求。

一、现状：视频内容评估的实践与特点

通过对国内主要传媒机构、营销机构、数据服务商的深度调研可以发现，国内外市场对视频内容的价值评估主要呈现出以下几个特点。

（一）普遍重视收视指标的价值

经过近百年的发展完善，收视率调查无论在调查方法还是技术支撑手段方面都形成了相对成熟的经验，收视率早已被普遍接受并且在行业中得到了最为广泛的运用。尽管"唯收视率"论受到了质疑和批判，但它能最直观地传达基本的传播效果信息。

（二）对满意度、社会效益的评价有所侧重

媒介的社会属性暴露了收视率指标的不足。收视率虽然能体现受众、用户人数的多寡，却无从体现用户心里对内容的喜好和评价。"满意度"成为电视界的自觉选择。

在实践方面，中央电视台的栏目综合评价体系优化方案就将栏目的引导力和影响力作为一级指标，权重分别占到了20％和25％。BBC的持续

性绩效评估体系中也将品质和影响力放在了与到达率、投资价值并列的重要位置，并且提出了欣赏指数（Appreciation Index）。美国的商业节目评估体系中，播后评估也包括满意度的调查。

（三）新媒体指标开始受到关注，但悬而未决

微博指数、搜索指数、视频指数等新媒体开始受到越来越多的关注，并且被带入现有的内容评估实践中，它们或多或少、有意无意地都在尝试采用一些新的思维方法，运用一些新媒体的指标来服务于自身业务，比如通过来自搜索引擎的数据来判断用户对内容的主动关注程度；通过来自网络视频的数据来判断用户在互联网和移动终端平台对内容的观看程度；通过来自 SNS 的数据来判断网民对内容所产生的话题和互动的卷入程度等。但是涉及如何对这些数据进行加工、运用，并且形成标准化的产品、单位的问题却仍然悬而未决。

（四）评估诉求单一，缺乏中立、客观、权威性

就评估的系统性而言，现有的各式评估显然都还不够全面，往往在某一个或某两个方面有深度的挖掘，虽然考虑的因素不少，但是并未形成基于这些因素建构的评估体系，都不足以概括整个大的媒体环境和生态，难以真实全面地反映内容价值。

另外，大多数机构进行评估的诉求都较为单一，只为自身的业务需求服务。视频网站只注重对视频点击量的评估，以期带来更多的广告收入；电视媒体对网络传播情况的监测指标仅停留在是与否、有和无的判断上，没有任何量化的、权重的数量体现。

二、新电视时代：全媒体内容需要全媒体评估

新媒体技术影响着传播环境、内容生产、消费环境的巨变，内容评估也亟须转型，需要博采众长，引用和吸取现有的评估方法，同时将它们进行优

化、整合，以求对内容价值进行更加综合全面的分析，更加接近真实。

中国传媒大学媒体数据挖掘与应用研究中心就进行了这个领域的相关研究，并且启动了包括信息抓取系统、传媒词典系统、评估系统、搜索系统、语义分析系统等多个系统的开发工作。中国传媒大学媒体数据挖掘与应用研究中心对框架体系的科学性、数据获取的稳定性、指数算法的准确性的研究，前端系统化、工具化的体验，都较为领先。下面，笔者将对其研究活动的几个核心特点进行介绍。

（一）"一个综合体、五个子模块"

"一个综合体、五个子模块"是内容全媒体评估的总体架构，具体来说内容全媒体评估是一个综合的评估体系，它由全媒体收视模块、全媒体传播力模块、舆情模块、用户调研模块、专家评估模块这五大模块构成。"一个综合体、五个子模块"具体涵盖了 27 个二级指标、200 余个三级指标。

其中全媒体收视模块聚焦与内容频道收视、点播、点击浏览相关的收视评价；全媒体传播力模块则从不同类型的媒体及其对内容的报道和关注的角度进行传播力评估；舆情模块是根据媒体的报道内容及用户在各类移动、桌面的 SNS 媒体上所发布的信息来进行自然语言处理，得到关键词、感情倾向性、主题、元素等方面的分析结果；用户调研模块主要通过用户线上注册答题的方法来搜集用户对内容的评价信息；专家评估模块是系统根据不同的内容类型和评估目标，从专家资源库中遴选专家，进行人员经验评估。

（二）强调数据源的多样性、综合性

在全媒体收视时代，媒体"一次生产，多次分发"的战略已经深入人心，视频内容的全媒体评估也决不能局限于一种媒介、一种终端、一家运营商，它必然是一个综合、全面、数据来源多样化、综合化的体系，尤其是在当前，视频网站数据源不开放，没有独立第三方对其进行数据监测的情况下，各家都是按照自己设计的系统进行统计和数据发布，数据的获取方法、获取过程、分析方法也都不够公开透明，数据的多样性、综合性就显得更为必要了。

同时，社交网络为用户提供了多种多样的表达途径，微信公众账号的出现，使它迅速成为舆论的新阵地；新浪微博虽然使用人数大幅下降，但仍是非常重要的信息传播平台；还有 BBS、社区媒体，看上去它们的使用频率受到了微博、微信的冲击，但从信息传播的角度，BBS、社区网站对信息的沉淀、内容的发酵和深挖有着独特的优势。

所以，中国传媒大学媒体数据挖掘与应用研究中心通过技术攻关，目前已实现对国内 22 家主流电视媒体，33 家门户网站，3 家综合性电商网站，31 家纸质媒体，12 家传媒行业媒体，微博、豆瓣、百度贴吧等 14 个SNS 网站，优酷土豆、爱奇艺、搜狐视频等 26 个视频网站，以及腾讯微信公众账号数据的实时抓取和配置，力求还原内容数据传播价值的真实性。

（三）建立统一的量化标准

在传统的电视收视评估中，收视率和收视份额是电视市场的交易货币；在视频网站对网络视频的评估中，点击量和观看时长成为最主要的效果评估指标；在互动数字电视、IPTV 的环境下，视频 VOD 点播、PVR回看数据已经实现了可测量。这些评估方法和指标之所以得到了广泛的适应性，与统一、量化的体系的建立紧密相关。

视频内容的全媒体评估在追求综合性的同时，也必然会涉及更多的评估指标和评估单位。因此，评估工作还需要将这些分散的、不同的评估数据纳入统一的量化标准。这样的量化，不仅是数据的量化，比如收视率、点击率、微博数量、评论数量、点赞数量这些数据的量化统一，还包括定性指标的量化，比如媒体影响力的量化打分、营销力的量化打分、团队执行力的量化打分、投资力的量化打分。

当这些综合性的结果、数据形成指数上的量化统一之后，每一个评估内容就能形成自身的综合评估量化数据，这样内容与内容之间的对比、交换、交易就有了统一性和可参照性。

（四）信息抓取、词典工具、自然语言处理在舆情评估中的重要性

视频内容的全媒体评估除了数据层面的多来源与量化统一，还必须配合舆情层面的文本采集和挖掘。一套完善的网络爬虫系统，将为定向数据采集和网页文本挖掘奠定良好的基础。

但互联网海量信息的噪声也不容小觑，抓取到的大量信息都是杂乱无章的，要发掘和提高这些信息的价值以实现方便查询，就必须对信息进行训练文本集合、预处理、特征提取、开发模型的文本分类。

同时，中文信息主要由字、词组成，由于字没有相对固定的含义，又是连续书写的，因此，中文信息要进行语义识别，就必须将长信息拆分成一个个的词。这一点和英语文本不同，英语文本天生就有空格将词语隔离开来，因此在语义分析方面，不需要经过分词处理。在进行舆情信息评估的过程中，还有一项基础性的工作，就是建立视频内容领域的垂直词典，提高分词的准确性和运算的精确程度。

（五）系统工具化，操作方便

视频内容的全媒体评估是一个综合性的评估，所以在操作方法上，它也必然会比单项评估更为复杂。为了解决这一问题，中国传媒大学媒体数据挖掘与应用研究中心专门开发了一套前端系统，面向前端的用户。目前，该系统已经进入小范围的实测阶段。

这套系统以 Web 站点的形式呈现，它的前端平台具有充分的开放性，提供给一切具有内容交易需求、内容评估需求的组织和个人使用，包括内容制作、发行机构、投融资机构、营销机构、播映机构、技术场地提供

商、个人团队等。它能够实现内容信息线上展示、内容需求线上发布、内容价值实时评估、内容交易实时议价、内容生产进度监理、内容产品管理开发等多种功能。每一个加入内容银行交易、评估的机构和个人用户，都可以通过该平台的多元数据工具和应用来实现对内容的需求发布、销售展示、生产及周边服务提供，内容全媒体评估，内容传播舆情管理及内容信息的垂直搜索和交叉分析，并能一键自动生成报表。

三、四大模式支撑媒体内容交易

正如前文所述，内容评估出现了全新的需求和特点，内容交易也是如此。随着内容产业的不断发展，媒体环境的日益变化，围绕媒体内容的交易方式也在改变，呈现出多样化的特点：传统广电的媒资音像资料馆模式、电视节模式得到保留；媒体内容产业也延伸到更为广阔的文化版权领域，出现了众多的版权交易中心；同时，基于互联网的内容交易平台也越来越多，广电媒体自建，互联网角色积极参与，以及各类投资机构，甚至连社会非营利组织都涉足于此。

（一）电视台媒资音像资料馆模式：侧重台内交易和社会服务

国内电视台所积累的节目和素材，以及每天新生产的大量视音频内容构成了电视台最重要的内容资产。但是，在过去很长一段时间里，国内电视台尚未意识到内容资产的重要性，很多年来对内容采用比较粗放的管理方式。直到 1994 年，国家新闻出版广电总局颁布了《广播电视宣传档案、资料管理办法》，首次以行业法规的形式定义了广播电视节目资料的行业管理要求。而此后数字技术的发展和媒体的变革使电视媒体深刻认识到原来沉睡在档案库中的"节目资料磁带"具有非常可观的经济效益，纷纷建立媒资体系，或以音像资料馆为主体对节目资料进行管理和台内、外的经营。

通过对国内几家具有代表性的音像资料馆及台内媒资平台的服务现状

进行考察，我们可以发现目前国内电视台的音像资料馆基本上都只供电视台内部门进行信息调用，用于电视台内的内容生产，并且在交易的时候，通常采用"只记账、不支付"的方式；面向社会服务的业务方面，则主要以参观、培训、教育服务为主。

（二）电视节模式：功能有所变化，更受互联网视频青睐

尽管机构间的内容版权交易一直都在常态化地进行，电视媒体、民间电视剧/节目制作公司、视频网站等依旧在坚持参与电视节活动，在一个固定的时间和场所做集中宣传、推介和采购。就规模与影响力而言，目前国内的电视版权交易市场主要有北京国际电视周、上海电视节和四川电视节三大活动。

诚然，随着现在交通和通信工具的日益便捷，电视节这种传统的信息载体和交易模式不再是必需的了。从目前国内三大电视节的主题活动设置不难发现，当前电视节模式已经悄悄转化其初始功能，它不再是交易的场所，更多地成为从业者参与奖项评选、参加学术论坛和进行社交的场所。根据笔者的观察，当前电视节的内容交易主要以成品交易为主，而且基本上都是该机构当年最热门、最重视的少许作品，主要集中在"红海"领域。就参与机构来看，近两年视频网站成为三大电视节最活跃的参展商，包括优酷土豆、搜狐视频、乐视网、腾讯视频等主流视频网站都在现场设立了各种活动专区、演播室等空间吸引观众参与互动。

（三）版权交易中心模式：交易功能较为薄弱

媒体内容交易并不仅限于与电视相关的机构，更发展到版权交易领域。近年来，国家版权局从政府层面批准多个地方政府建立了多个国家级版权交易中心，并且允许社会机构参与其中。这些项目当中，不乏投资规模巨大者，比如 2012 年 5 月成立的华中国家版权交易中

心，根据互联网公开资料显示，该版权交易中心暨产业基地计划投资50亿元。

相关资料显示，我国目前已批准的版权交易中心仅有少数正式投入了运营，多数仍处于在建阶段。已经投入运营的版权交易中心中，规划的服务职能也只有少部分实现，大部分并未实现。实现的职能主要集中在版权登记、代理注册、商务咨询等层面，对于交易这一属性的实现路径还不够清晰，真正落到实处的交易功能还非常薄弱。

（四）线上交易平台模式：功能各有侧重

线上的交易平台在近两年不断萌芽兴起，主要有四类角色在从事线上内容交易平台的搭建：电视台、互联网、投资公司和其他社会组织。

电视台既是内容、素材的需求方，同时也是最大的内容生产方、制作方。电视台对内容"原料"的需求不仅量大，而且对内容的品质要求也非常高。同时，电视台自身所生产的内容也具有这样的特点，电视台内容品质好，具有非常好的二次传播价值。如果说本书所述的媒资音像资料馆模式主要是服务于电视台台内，那么通过搭建线上交易平台，把自己的媒资产品向外界对内容有需求的机构和个人进行出售，就能实现电视台更多的媒体资产变现和价值增值。

电视台作为线上交易平台的运营方最典型的案例是秒鸽传媒交易网。秒鸽传媒交易网借鉴"淘宝"模式，以平台扮演"商场"，客户可以免费进"商场"开店面，销售客户持有版权的内容成品或素材，"商场"从店铺成功交易的订单中收取一定的佣金。在此基础上，依托平台海量的内容汇聚，"商场"也为买卖双方提供内容的搜索订阅推送服务和个性化内容制作服务。同样开展此类业务的平台还有中央电视台的"中国国际广播电影电视节目译制交易平台数字音像门户"、北京电视台的"京视网"，以及长沙广播电视集团旗下中广天泽运营的"节目购"。

互联网是最早开展内容交易平台业务的，早在2009年阿里巴巴就和华数联合成立了我国第一家数字产品分享交易平台"淘花网"（现已关闭）。2014年3月，阿里巴巴成立数字娱乐事业群，并联合金融机构推出了"娱乐宝"，以银行推出理财产品的方式推出基于互联网金融的内容产品，在普通"众筹"的基础上进行内容交易和投资。

一些文化投资机构也进入内容交易平台领域，比如最早的陕西文化产业投资控股集团（简称陕文投）。2011年5月，由陕文投、陕西广电网络、陕西盛唐天下投资发展有限公司共同出资5 000万元注册成立的陕文投集团控股子公司——西安电视剧版权交易中心有限公司是陕文投版权交易中心的运营主体，目前，该中心对外的服务平台为中国影视版权交易网。该网站主要提供版权登记、备案、著作权登记、影视内容方面的信息、资讯等服务，还推出了融剧宝投资服务。融剧宝投资服务是版权交易中心为影视制作企业和播出机构设计打造的金融支持产品，该产品在影视制作企业与播出机构之间存在以应收购剧款为基础，在双方签订电视剧预先购买合同或电视剧播出合同后，由版权交易中心先向债权人（影视制作企业）支付应收购剧款。在约定期限内，债务人（影视播出机构）向版权交易中心支付全额购剧款。成功开展融剧宝投资服务后，版权交易中心在约定期限内收回垫付资金，并向债权人（影视制作企业）收取一定比例的交易服务费。

除此之外，非营利性机构——国际电视电影节目交易中心（ITFPEC）也建立了自己的交易平台，提供片库、剧照、视频、简介、新闻动态、招聘信息等资讯、检索服务。

第四节　机构案例：康卡斯特（Comcast）的融合变革

2014年2月13日，康卡斯特宣布以452亿美元收购全美有线电视运营商排名第二的时代华纳有线，震惊了世界媒体市场，康卡斯特更是一举成为美国最大的有线电视运营商、宽带网络接入商和第三大电话服务提供商。这样的一个产业纵横整合发展的庞然大物在融合变革的道路上有着怎样的策略和思考？

一、业务变革：核心资源强化竞争力

康卡斯特从一家在创立之初只有 1 200 多位用户的有线电视网络运营的家族企业，逐渐发展成美国最大的有线电视运营商、宽带网络接入商和第三大电话服务提供商，其发展模式颇具战略指导意义，其不断融合、不断变革的业务发展历程更值得借鉴。

早在 1996 年，康卡斯特公司就已经开始了高速网络建设的探索，组建了@Home有线调制器服务公司；2002 年，康卡斯特完成了对 AT&T 公司的有线业务的收购，成为美国头号有线运营商；2005 年，推出数字语音通信服务后，基本形成延续至今的"三网融合"业务结构布局，并持续以核心资源强化竞争力，在有线电视服务、高速互联网业务及网络语音通信业务等方面都确立了强有力的竞争地位。

2010 年 2 月，康卡斯特将旗下的有线电视、高速宽带及数字电话服务品牌整合并统一更名为"Xfinity"。"Xfinity"的主营业务包括面向个人及家庭用户提供有线电视服务的"XFINITY TV"，提供高速宽带业务的"XFINITY Internet"，提供电话业务的"XFINITY Voice"，提供"Wi-Fi"，4G 等无线上网业务的"Wireless"，提供家庭安全防护及节能管理的"XFINITY Home"，以及面向企业用户的"Comcast Business"。从"Xfinity"的业务不难看出，全面立体的业务覆盖使得"Xfinity"可以针对不同用户需求，整合并跨越多种接收终端，提供"随时随地"的全面服务（表 2-10）。

表 2-10　康卡斯特多网融合业务概览

业务名称	业务内容	细分业务名称	细分业务服务内容	价格/（美元·月$^{-1}$）
XFINITY TV 电视及视频服务	可通过电视、电脑及手机等移动终端观看	Digital Premier	260＋（Starz，HBO，Showtime，Cinemax，Encore）	99.99
		Digital Preferred	220＋（Network，MLB，Encore）	49.99
		Digital Starter	140＋（Discovery，CNN，ESPN）	39.99
		Digital Economy	45＋（Discovery，CNN）	37.95
		Limited Basic	10＋（只有当地节目）	22.58
XFINITY Internet 宽带网络服务	提供超过10万个免费Wi-Fi热点	Extreme 150	150 Mbps	114.95
		Performance w/Blast	105 Mbps	44.99
		Performance Starter	6 Mbps	29.99
		Performance	50 Mbps	39.99
XFINITY Voice 电话服务	全美免费拨打电话、收发短信	XFINITY Voice Local with More	本地电话无限打,全国电话5美分/分钟	34.95
XFINITY Home 智能家庭服务	视频监控＋能源管理＋智能控制＋远程访问	XFINITY Home－Secure 300	触屏控制器、门窗传感器、运动传感器、无线键盘	39.95
		XFINITY Home－Secure 350	触屏控制器、门窗传感器、运动传感器、无线键盘、摄像头、灯光控制器、恒温器	49.95

续表

业务名称	业务内容	细分业务名称	细分业务服务内容	价格/ (美元· 月⁻¹)
三网套餐	电视＋互联网＋电话捆绑套餐	Economy XF Triple Play	频道数 45＋,50 Mbps,话音接入	89.99
		Starter XF Triple Play	频道数 140＋,50 Mbps,话音接入	99
		HD Preferred XF Triple Play	频道数 220＋,50 Mbps,话音接入	119.99
		HD Preferred Plus XF Triple Play	频道数 230＋,105 Mbps,话音接入	139.99
		HD Premier XF Triple Play	频道数 260＋,105 Mbps,话音接入	159.99
		HD Complete XF Triple Play	频道数 260＋,105 Mbps,话音接入	199.99
两网套餐	电视＋互联网捆绑套餐	Digital Starter & Performance Starter Internet	频道数 140＋,下载速度 6 Mbps	59.99
		Digital Starter & Performance Internet	频道数 140＋,下载速度 50 Mbps	69.99
		Starter SurePrice Double Play	频道数 140＋(含 ESPN,NBC Sports Network 等),下载速度 50 Mbps	79.99
	互联网＋语音捆绑套餐	Performance Internet & XFINITY Voice Unlimited	下载速度 50 Mbps,话音接入,可以免费接入全美 1 万个无限热点	39.99

二、理念变革：用户成为媒体融合核心

如果说早些年康卡斯特在实现媒体融合的道路上关注的是内容的整合、业务的融合、渠道的拓展，那么当康卡斯特的用户数量日趋饱和之时，变革理念，敏锐地感知用户需求，提供差异化的、细分的、精准的内容产品，提高 ARPU（每用户平均收入），从而实现增值效应，成为康卡斯特下一步融合转型的新起点。数据显示，康卡斯特近年来的 ARPU 值不断增长，证明了其以用户需求为核心的策略产生了较好的效果。

（一）用户需求决定内容开发及分发

如何将海量的内容进行合理的分发，对任何一家传媒集团都至关重要，如何以用户思维为先导，满足用户以不同方式、在不同平台、在不同时间段收看内容的需求成为康卡斯特融合发展的重中之重。

在信息获取渠道如此多元的今天，用户行为日趋分众化，用户需要随时、随地、随身完成触媒行为。因此康卡斯特也加大了对统一内容进行多层次、多平台、多收看方式的分发力度，正所谓用户需求在哪里，内容分发就到哪里。首先，康卡斯特会同时买断内容资源版权的直播权、拆分销售权，包括拆分销售电视、互联网等不同的平台进行收看的权利，提供用户观看、点播和利用 DVR 处理的功能；其次，康卡斯特会将频道和付费电视网的视频内容进一步分类、打包，以套餐形式销售，针对不同平台用户的收看属性，进一步进行分发，创造第二轮内容价值。

以收看 NBA（美国男子职业篮球联赛）为例，通过康卡斯特的内容开发及分发，基本上可以全面满足一个 NBA 球迷用户的需求。首先，每周都能通过 NBA 频道观看比赛直播实况，还有额外的 NBA 精彩片段和点评分析。想要找某场比赛，只要在电视和互联网上进行搜索即可观看。如果某场比赛不容错过而用户当时又不在电视机前，可以用 DVR（硬盘录像机）录制下来回家观看或者在移动终端上使用 APP 观看直播。数字电视高

清用户还可免费观看 ESPN 3D 频道，享受更炫目的视觉效果。

（二）灵活的价格策略，精准覆盖细分用户

随着业务范围的日益壮大，康卡斯特希望将各种业务进行组合和打包，在最大限度发挥使用价值的同时满足不同用户的细分需求。一方面，为了能够提升用户体验并推行三网融合的进程，康卡斯特推出了"XFINITY Double Play"（电视＋互联网或电话）和"XFINITY Triple Play"（电视＋互联网＋电话）的捆绑套餐销售服务；另一方面，康卡斯特的业务套餐充分考虑了用户的价格需求，以阶梯式的定价策略进行内容分发，根据视频、宽带、话音等不同的细分业务，用户可在不同的价格区间自由地优化组合，满足不同收入水平和性能要求的用户的需求。

以康卡斯特有线电视业务为例，针对不同消费人群，康卡斯特推出了 Premier（99.99 美元/月，包括 260 个优质频道）、Preferred（49.99 美元/月，包括 220 个频道）、Starter（39.99 美元/月，包括 140 个频道）、Economy（37.95 美元/月，包括 45 个频道）和 Basic（22.58 美元/月，包括 10 个频道）五类不同套餐。此外，康卡斯特还于近期宣布推出了针对低收入家庭的免费宽带服务计划，而在此之前，康卡斯特的 Internet Essentials 服务已经推出了为有学龄儿童的低收入家庭提供低至 10 美元/月的宽带服务。

（三）技术革命，改善用户体验

康卡斯特在不断融合的同时也推动了新技术的不断发展，对于新技术的敏感和热情帮助康卡斯特实现了媒体融合的实质性突破。借助科技革命的动力，推动媒介内容、渠道、终端等资源整合，融合性更强的全媒体才有发展的可能，才能实现更优良的用户体验。

比如，康卡斯特率先大规模引入 Docsis 3.0 技术，提供 25 M、50 M 业务，发展至今，康卡斯特的高速互联网速度已经提高到原有速度的 12 倍之多。美国最近对最大的 11 个有线电视公司的调查显示：43% 的 Cable 用

户已经进行了 Docsis 3.0 的升级，1.2 亿的用户中已经有 5 200 万用户可以享受到 Docsis 3.0 服务。除了向住宅用户提供宽带接入外，康卡斯特等已经把目光锁定在了企业用户，最近康卡斯特已经在双子城向企业客户提供基于 Docsis 3.0 的下行 100 M、上行 15 M 的高速接入业务。

（四）重视用户管理，了解用户，服务用户

在融合发展的过程中，康卡斯特逐渐意识到重视客户服务是改善用户体验、借助原有品牌声誉使新产品快速被用户接受的有利途径。因此，康卡斯特不断加大对于用户管理的优化力度，以用户需求为核心，不仅在多内容和多渠道上发力，更注重通过全方位的优质服务以提升用户体验，增加品牌忠诚度和美誉度。

康卡斯特建立了全国、本地和地区三个层次覆盖一、二、三线城市的客服中心系统，24 小时接受免费电话客服和技术服务受理，每周收听来自用户或是潜在消费者打来的上百个电话；同时，康卡斯特在网络上建立问答专区，不仅设有在线客服，还在社会化媒体平台上建立官方主页，用户不仅可以通过检索系统自行检索相应的问题答案，还能向在线技术员寻求帮助；另外，康卡斯特还建立了更为完善的退、换货政策，承诺可以 30 天内无条件退款和违约时针对客户的赔偿措施。

三、格局变革：兼并助力产业重构

和大多数海外传媒集团类似，康卡斯特拥有完善的企业战略：扩大经营规模，实现产业重构，完成媒体融合转型。2002 年，康卡斯特斥资 475 亿美元收购 AT & T 旗下有线电视业务；2007 年收购美国排名第一的集电影信息、放映时间和订票网站于一体的 Fandago，为门户网站用户提供在线订票服务；2009 年康卡斯特以 137.5 亿美元从通用电气手中购得 NBC 环球 51% 的股份；2013 年 2 月，康卡斯特再次宣布以 167 亿美元从通用电气集团手中收购了 NBC 环球剩余的 49% 的股份，完成了对 NBC 环球的完全控股；2014

年，康卡斯特以 452 亿美元并购时代华纳有线，几次大规模的兼并行为让康卡斯特快速成长，稳坐美国有线电视行业的龙头宝座（图 2-27）。

1988	•Comcast购入50%的Storer Communications Inc股票，用户数增加到200万，成为全美第5大有线电视运营商
1992	•Comcast将AMCELL的资产进行了合并，用户数增长到700万
1994	•Comcast收购了Maclean-Hunter's 美国部分，增加55万用户，一跃成为第三大有线电视运营商
1996	•Comcast 购入57%股份，控股QVC，同年收购E.W.Scripps Cable，增加80万用户
1998	•Comcast收购Jones Intercable，增加110万用户。收购Prime Communication 增加40.6万用户。同年其英国公司卖给了NTL inc
2000	•Comcast 收购Lenfest Communications 增加130万用户
2002	•Comcast斥资475亿美元收购AT&T Broadband Cable Systems的所有资产，因而取得38个州近2 100万有线电视客户
2004	•Comcast曾提出以660亿美元收购华特迪士尼公司，但最终因对方反对而放弃收购
2005	•Comcast和SonyPictures Entertainment 联合收购MGM，同年以5.4亿美元收购Susquehanna Comminications（此前拥有其30%的股票）
2006	•Comcast收购软件公司Platform
2007	•Comcast以4.8亿美元收购Patroit Media，这笔并购给Comcast带来了近8.1万有线用户，同时将其覆盖范围扩大到新泽西州
2009	•Comcast以137.5亿美元从通用电气手中购得NBC环球51%的股份
2013	•Comcast以167亿美元从通用电气集团手中收购了NBC环球剩余的49%的股份，完成对于NBC环球的完全控股
2014	•Comcast以452亿美元并购时代华纳有线

图 2-27　康卡斯特兼并历史汇总

（一）谨慎选择并购对象，实现最优融合

诚然，如果只是一味地并购，一味地通过资本手段来拓展自己的业务和规模，却没有找到新旧业务的融合点，也会行不通甚至会面临融而不合的尴尬局面。比如世界顶级传媒集团维亚康姆，尽管走的也是典型的外延型发展路径，但从 2010 年起，维亚康姆却因自身经营状况不佳，不得已将几家之前并购的公司陆续剥离出去，为自己"瘦身"。出现问题的最大的症结在于维亚康姆过多地将眼光集中于新业务的开发上，却没有寻找到将新旧业务相融合的最佳模式，导致新旧业务没有形成良好的发力点反而成为累赘。

较之于维亚康姆，康卡斯特在并购对象的考量上更加谨慎小心，虽然现阶段康卡斯特也在不断发展壮大自己的跨媒体多元化业务，但从所收购的公司来看，其业务属性并非相互隔绝的，反而紧密相关。NBC 环球的加入弥补了康卡斯特渠道供应商在内容生产方面的短板，助力康卡斯特从单纯的渠道商向渠道、内容兼有的供应商转型；而康卡斯特对时代华纳的成功并购为康卡斯特带来了时代华纳有线的 1 100 多万有线电视用户，目前，康卡斯特共拥有大约 3 000 万用户，占美国收费电视市场份额的 30% 左右，涉足美国所有主要媒体市场，从洛杉矶一直到纽约城，史无前例地扩张了康卡斯特的业务范围。

不偏离发展主线的并购，根据自身的发展目标和发展道路选择并购对象，实现最优并购和最有效的融合，正是康卡斯特融合战略的重要体现。

（二）成功抓住竞争性环境，快速成长

康卡斯特之所以能够通过兼并快速成为美国最大的有线电视运营商、宽带网络接入商及第三大电话服务商，除了能够围绕自身的发展主线选择兼并目标外，就外部环境而言，也与美国完善的市场经济体制密不可分。

美国市场经济发展相对完善，在传媒与电信领域的产业融合进程中，市场竞争机制的作用发挥到最大化。市场主导机制的特色在于私人企业是融合产业的投资主体，在什么领域实现融合、如何实现融合均由市场机制决定。为了保证市场健康运营，美国政府通过政府监管对媒体企业进行引导和约束，促进融合，推动融合。

一方面，美国 FCC（美国联邦通信委员会）鼓励有线电视运营商进军宽带市场；另一方面，FCC 积极扶持电信运营商推出视频业务，比如在美国的电信改革进程中，FCC 曾经对具有支配地位的 AT&T 和地方贝尔等电信公司进行了长达十年的非对称管制，为新生电信公司和有线电视网络公司的成长创造了较为宽松的条件。2003 年，FCC 通过了对于美国媒体产业融合发展具有决定意义的新法案，该法案提高了广电媒体机构的电视受众覆盖率的管制上限，放松地方电视台数量的管制，还允许地区的报纸、电台进行交叉持股。

正是基于美国市场经济体制的大背景及相关政府政策法案的大力支持，形成了这样一种以激励竞争和制衡监管为主的传媒规则，让康卡斯特能够按照资本运作的逻辑展开兼并，快速成长，实现融合发展。

四、模式变革：借力合作，拓展多元融合服务

（一）加强内容提供商的合作，形成海量集成

康卡斯特的内容来自 NBC 环球、E 时尚生活网、高尔夫频道、OLN、G4、AZN 电视这六个全国性有线电视网和一些地方性的体育及新闻频道，并与内容提供商维持良好的合作关系。此外，康卡斯特与大型娱乐公司、电视网和内容制作机构形成合作，大量购买内容资源，并通过购买股权但并不控股的方式拥有内容共享的权利，这成为康卡斯特聚集海量内容的两种重要途径。

例如，2004 年康卡斯特购买 Disney Channel 的节目提供给付费电视和

高清电视用户，双方 2012 年达成一项长期协议，将双方的合作关系延长十年，意味着康卡斯特的用户可以在未来几年通过其电视传输平台收看迪士尼拥有的有线电视和广播频道（主要的付费频道 ESPN，Disney Channel 和 ABC Family 都被涵盖在内，此外，七个 ABC 电台还可以转播免费 ABC 广播网络）；此外康卡斯特还购买了美国最大的高质电影提供商 STarz 集团拥有的 1 500 多部电影，并从维亚康姆集团的 MTV 电视网上购买音乐节目和内容等。

此外，康卡斯特还通过购买股权但不控股的方式持有电视网和节目制作公司的股票，获得内容共享的权利。其频道内容主要包括：IN DE-MOND、TV One、米高梅 MGM、PBS 儿童萌芽频道、新英格兰运动频道、有线新闻频道、匹兹堡有线新闻频道、Music Choice 和 Sterling 娱乐频道。

对于康卡斯特而言，通过合作形成海量的内容集成能够更好地实现有线网的立体增值，特色内容增强了用户黏着度和忠诚度，而在此基础上，康卡斯特开展的在线视频和个性化电视服务必将获得更大的发展空间。而康卡斯特之所以能够与所有主流电视台和频道内容提供商进行谈判的最大筹码就是自身庞大的用户群体。

（二）加强终端厂商合作，抢占多元终端

与终端厂商建立战略伙伴关系也是康卡斯特融合战略中的重要部署，具备内容优势和渠道优势为一体的康卡斯特在与终端厂商合作时主要采取以下两种布局：一方面，以内容为核心资源植入终端实现合作，拓展视频收视人群，抢占多元终端；另一方面，通过提供优质的高速互联网业务降低相关业务成本，同时增加订阅用户群。

2011 年，康卡斯特与微软和三星等终端厂商达成合作，尝试将内容分发至更多平台，囊括互联网电视、家庭游戏机等终端。微软试图将拥有众多忠实用户的 Xbox 360 游戏机发展为能够在游戏、DVD 和付费电视之间轻松转换的设备，给游戏机用户提供更多的娱乐内容。通过提供 Xbox Live 在线付费电视服务，康卡斯特进一步拓展了视频收视人群。康卡斯特与三星将联手推出名为 "Xfinity" 的电视服务，Xfinity 数字电视用户将能够在三星互联网电视上实时浏览、发现和排序视频内容，调换频道及对 DVR 进行编程。

此外，苹果公司也在持续与康卡斯特进行合作洽谈，计划利用康卡斯特的专有分发网络推广 Apple TV 的视频内容，从而避免通过公共网络传输所造成的视频缓冲问题。苹果公司的加入，一方面能给康卡斯特带来年龄层更低的新的观众群；另一方面，也能降低康卡斯特在其机顶盒业务方面的成本费用，有助于其专注于自己的核心业务及产品的研发与推广。

（三）加强互联网企业联系，提供优质服务

除了与内容提供商合作丰富内容源，与终端厂商合作抢占多元终端，康卡斯特还加大了对不同传播平台和传输渠道的布局力度，以期为用户提供更为优质的服务。如谷歌、Twitter、Skype、EA 等互联网企业也是康卡斯特的重要合作伙伴。

在社交方面，康卡斯特也加大了与相关媒体的合作，以率先抢占社会化媒体平台，同时提供更为多样的服务。比如，2013 年 10 月，康卡斯特与 Twitter 宣布达成一项范围广泛的战略合作，Twitter 将在所有有关康卡斯特电视节目的 Twitter 消息旁边增加 "观看"（See It）按钮，浏览者如果是康卡斯特的用户，点击 "观看" 按钮后登录自己的康卡斯特账户，将可以通过各种终端快速转换至特定频道或者使用 DVR 通过移动设备直接录制这些节目。此外，康卡斯特还曾经与 Skype 合作推出电视视频聊天服务，提供更为个性化的用户服务。

在游戏方面，2015 年 5 月，康卡斯特与全球著名的互动游戏公司美国艺电（EA）达成合作，开发基于电脑、手机、平板等多终端的电子游

戏。此外，EA 还会将旗下的在线游戏平台直接植入电视机顶盒中，康卡斯特旗下的有线电视网络用户将可以通过智能手机或平板电脑来操作游戏。康卡斯特旗下的有线电视网络用户还能够通过机顶盒玩体育游戏。

第五节　机构案例：法国电信集团 Orange，融合品牌的进阶之路

舍弃国字招牌，大胆将集团名全面更名为品牌名的老牌电信运营商——法国电信集团 Orange，在 2014 年 9 月迎来品牌的第 20 个生日。Orange 被认为是欧洲乃至世界上最具创新精神的移动通信服务品牌之一，在不断追赶科技进步的战略推进中，Orange 品牌俨然成为不容忽视的融合电信品牌。

面对日益复杂的媒介环境，Orange 以积极态度应对猛烈的市场倒逼：以战略先行，扎实推进三大网络建设，开展多元融合业务，利用云技术统筹内外资源，从组织机构重组到业务全面融合，从被迫定位转型到全面升级理念，Orange 的融合进阶之路不可谓不精彩。2013 年 Orange 的收入为 432.5 亿欧元，净利润 11 亿欧元。作为媒介融合的积极实践者与欧洲电信市场的领导者，Orange 走向融合、实现融合、提升融合的战略与尝试，值得国内运营商乃至传媒机构思考与借鉴。

一、融合起步，战略先行

法国电信 Orange 的创新与发展始终奉行战略先行原则，这是其鲜明的融合特征，也是促进融合实现的有力推手。回顾漫漫融合路，集团每一次由内而外的裂变或融合，势必首先结合其发展处境、自身实力与时代需求，制定相应的"融合战略"，在真正挖掘创新的同时，又不以"颠覆"

"革命"一类词语作为噱头，以相对坚实的步伐推进融合的实现。二十多年的发展，从法国电信集团到巨头 Orange，几大重要战略环环相扣共同指引品牌统一、业务融合（图 2-28）。

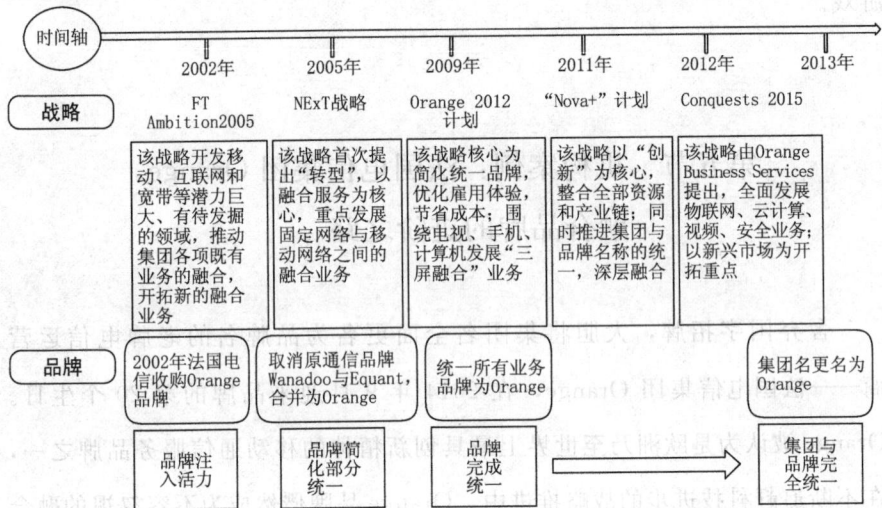

图 2-28　Orange 融合战略与品牌统一演变

（一）战略一：Orange 品牌带来融合源动力

法国电信集团成立于 1988 年，是目前全球第九大电信运营商，雇员超过 26 万，用户遍及全球 25 个国家，业务覆盖三网多层级用户，但并非从一开始就具备全方位业务运营能力与创新实力。2001 年，法国电信从沃达丰手中收获 Orange 品牌，将原移动通信业务品牌 Itineris、OLA 和 Mobicarte 取消，代之以 Orange，该品牌将创新性及人性化融入法国电信，让这家老牌国有运营商焕发全新生机。

新品牌的进入与业务的部分统一表明集团融合战略的起步，"FT Ambition 2005"战略于 2002 年年底正式提出，这也是 Orange 前身法国电信集团对融合的认知起点。该战略重点开发移动、互联网和宽带等潜力尚未完全发掘的领域，推动集团各项既有业务的融合，开拓新的融合业务。业务的全面铺开让法国电信重回欧洲顶尖运营商行列，从本质上来说，这更像是一个复兴战略，尽管目标指向融合，但并未确切提出"融合"或"转型"，一切才刚刚开始。

（二）战略二：组织结构重组与业务转型相互推进

"FT Ambiton 2005"战略实施后期，法国电信觉察到集团陈旧的组织结构是阻碍业务融合的致命因素，由此组织结构成为新阶段融合战略部署的重点，而这正是 Orange 有别于其他老牌电信运营商之处，它敢于果断"革自己的命"。2004 年法国电信由原本以技术为导向的组织结构重组为以用户为导向、能够提供融合服务的结构，为即将推进的业务转型做好准备。

部门的设置不再以技术为区隔，而是以用户服务类型作为划分依据，比如企业通信业务部、家庭通信业务部、个人通信事业部等，这些部门绝非单独作战，而是基于用户需求统一开展业务。经过组织机构运作一年多的重组磨合，2005 年 6 月法国电信正式提出"NExT 战略"。该战略以融合服务为核心，明确向用户提供固定线路、互联网和移动通信等服务的捆绑与融合业务。同时，法国电信取消原有全球业务的两大知名品牌，合并为 Orange。这一战略阶段不只是开展具备融合潜力的业务，而是有意识地将这些业务打通。Orange 从展开转型时便强调"融合"，为长远融合业务的开展打下了重要基础。

（三）战略三：统一品牌，简化业务格局，扎实推进融合

延伸"NExT 战略"，2009 年提出"Orange 2012"计划，从固定网络与移动网络的融合发展升级为以三屏融合为目标的业务部署。"Orange 2012"计划的核心是简化品牌、优化用户体验、节省成本。在该战略部署下，法国电信融合全球移动、宽带服务和商业服务品牌为 Orange，保留集团名。一方面通过简化产品和服务来优化业务布局，使业务更易相互打通实现融合；另一方面，建设固定网络、互联网和通信网络，共享

信息系统和平台。

　　法国电信集团在发挥既有优势的前提下，利用统一的 Orange 品牌获得更强的社会凝聚力、更优质的技术表现、更为高速的发展。品牌的简化并非简单的营销战略，而是助推融合改革的关键动力。在此战略下，2010年，法国电信与 SMG 百视通达成"三屏融合"战略合作，围绕电视、手机、计算机三屏融合技术，同时在"下一代网络电视"技术领域展开更深层次技术应用合作，共同推进 IP 电视全球行业标准的制定。

　　2011 年年初，法国电信又提出"Nova＋"计划，以创新为核心，整合全部资源和产业链，使融合更为深入。2013 年 7 月 1 日法国电信正式更名为 Orange，由此，实现了集团与多元业务的全面统一。不得不说，法国电信利用 Orange 品牌实现了华丽转身，加之组织结构改革、网络建设及业务转型，集团从根本上由一个电信运营商成长为全媒体综合信息服务商。

二、融合基石：扎实的网络建设

　　全方位的融合、基础网络建设是根本，是落实融合战略支撑整个大融合业务运营的血脉，特别是对于一个传统的电信运营商而言，发力多元融合业务、扎实推进网络建设是前提，这一步 Orange 比它的同行们行动得更早，步伐也相对稳健。

（一）提升固网，为家庭融合网络建设奠定基础

　　固定网络以家庭用户群体为核心，可以承载包括固话、宽带业务及 IPTV 业务等多项家庭融合业务。固网用户的流失与宽带业务的快速增长，要求 Orange 必须加强固定网络建设，从而为用户提供流畅、便捷的网络体验。因此，Orange 为了提供高速稳定的宽带接入，全面部署光纤网络对现有网络进行质的升级。

　　与以 ADSL 为接入方式的宽带网络相比，光纤宽带的传输速度更快，

传输能力自然更强。对于家庭用户而言，光纤宽带能够带来与广电网络传输相同的电视服务体验，同时支持高速上网服务、数据传输、语音通话等。对于商业用户而言，光纤宽带能带来智能化的办公体验，使语音通信、数据传输、云计算、视频会议等网络任务更高效、快速。

2014 年 9 月，Orange 欲以 34 亿欧元收购西班牙宽带服务商 Jazztel，通过收购加速其在西班牙的宽带网络的基础建设与布局。在光纤网络建设方面，早在 2013 年，Orange 便与沃达丰宣布共同出资 10 亿欧元建设 FTTH 光纤网络，并在 2014 年实现商用服务。2015 年，Orange 投资 20 亿欧元用以建设高速、稳定的光纤网络来覆盖更广泛的区域和更多的人群。

网络升级建设为融合提供基本保证，但从融合网络到融合业务还需要完成一个重要的环节，使网络与终端顺利对接，用户可以便利地使用融合的网络。Orange 推出 Livebox Play 融合产品解决了这一问题，为家庭实现互联互通提供了网络环境。Livebox Play 将 ADSL 调制解调器、Wi-Fi 及蓝牙等整合在一起，组成统一的无线网络，实现了语音、数据和流媒体的三重融合，从而实现不同数字终端的无线信息共享。

（二）高速移动网络为多元融合业务铺就道路

移动网络的建设是电信运营商实现转型的机遇，高速宽带是承载多元业务的关键实力。Orange 在移动网络上的部署则更具有前瞻性，早在最初业务转型时，集团就开始着手 3G 网络的推广计划，并于 2004 年开展 3G 全球战略，也是最早提供商用服务的运营商之一。到 2012 年，Orange 在欧洲市场的 3G 网络部署全部完成，实现 3G 网络的全面覆盖，同时其海外市场 3G 网络建设也基本完成。截至 2013 年年底，Orange 已经覆盖了法国 98％的 3G 用户。

基于 3G 网络的建设，多元融合业务相继推出。Orange 通过不同层级的业务包满足不同用户的需求。"动物计划"就是根据不同业务重点制定对应的 3G 套餐资费。由于全球市场扩张，Orange 也会根据不同国家的市场状况制定相应的移动资费。在未来推广业务包方面，Orange 还与终端厂商合作建立自己的移动手机品牌 Sosh，结合自己的业务包推出面向年轻人的低价、多服务手机。

在全面建设 3G 网络的同时，Orange 更是不遗余力地建设和升级 4G 网络，可以说，4G 网络为其快速适应当前的移动互联网时代积累了很好的资源。2010 年，Orange 便与爱立信达成合作意向，在法国西南和东北地区以及巴黎地区的 1.5 万个站点，对现有的 3G 和 4G 网络进行转化，为今后提升移动网络的质量、提供更多网络服务打下了坚实基础，由此不难发现，Orange 的网络建设具有前瞻性和先导性。

除了独立建设网络之外，Orange 还通过与其他运营商的合作加强自身移动网络的实力。在 2011 年，Orange 就与德国电信共享旗下网络，通过在 M2M 方面的合作，双方共同改善 Wi-Fi 用户的漫游体验，清除所有跨网带来的障碍。双方的合作在保持各自发展战略的前提下，也为在全球提供一个无缝网络服务打下基础。

三、融合实践：开展多元融合业务

多元融合业务是 Orange 将融合战略与理念落到实处的不二选择。Orange 将无线宽带接入、邮件等业务捆绑销售，推出多种等级的业务套餐满足用户需求，同时积极推进 IPTV 发展。Orange 早期的融合业务可以追溯到 2006 年，法国电信推出了面向家庭客户的固定与移动融合业务 Unik 服务。这一业务的开展正是有赖于 Livebox Play。仅凭 Unik 这项标志性的融合业务，还不足以拥有相当规模的用户群，关键是法国电信针对细分客户群的需求，在融合上持续创新，开发的融合创新业务与应用层出不穷。

为个人和家庭用户提供的业务包括 Family Talk，LiveCom，Live phone，Mobile & Connected，Phototransfer 等。这些业务无一不体现聚焦客户需求的内容与应用创新。

（一）以 IPTV 为重点开展电视融合业务

基于高速稳定的宽带网络，Orange 以 IPTV 业务为重点大力发展电视融合业务。事实上，"FT Ambition 2005"战略的制定使 Orange 的 IPTV 业务随之启动，这是其最早的电视融合业务，也是其家庭通信宽带业务中的重要部分。在 IPTV 的业务规划中，Orange 从内容积累到平台建设，再到实现多屏融合，每一次拓展既结合业务特征与自身实力，又积极尝试新技术，探索新融合模式。

Orange 通过合作与自建积累起互动电视内容资源，能够提供高清电视直播、VOD 点播及音乐、游戏等多样化的内容。一方面，Orange 与传统电视运营商合作，在保证用户免费接收电视节目的同时推出付费电视套餐，丰富内容资源。同时，Orange 还在各国大量购买体育与电影转播权，在旗下的 Orange Sport 和 Orange Cinéma Séries 的品牌播出，吸引用户。另一方面，Orange 通过自办专业频道积累内容资源。比如，Orange TV 的 3D 专题频道就是 2011 年与 Troisième Eil Productions 合作创办的 *Mag 3D*。

在积累充足内容的基础上，Orange 将包括卫星电视在内的数字电视业务引向平台化发展，2013 年 Orange 便提出建设卫星直播电视 DTH 平台。一方面，卫星电视业务的开展再度挖掘了 Orange TV 的内容价值，增强集团在电视内容方面的竞争力，将自己的内容分发到更多的渠道；另一方面，有助于将 Orange 的数字电视业务打造成平台，承载更多融合业务。IPTV 业务本身就具有极强的融合属性，Orange 通过对该项业务的经营，更好地渗透了融合战略，为整个集团融合业务的开展开辟了一定的空间。

2006 年 Orange 推出手机实时接收电视信号的移动电视业务，这一业务既增强了 IPTV 业务的互动性，又在一定程度上尝试了三网融合业务。该业务发展至今，Orange 的用户可以在电视、手机等各类智能终端实现多屏共享电视资源，以及不断丰富的游戏与应用资源。该业务也为用户提供融合服务套餐，比如 Origami 和 Open 等。可以说，Orange 持续增强 IPTV 业务的融合性，同时拓展出模式更多样的融合业务。

（二）多元互联网业务适应融合时代新需求

Orange 在宽带网络上的实力自不必说，但是在发展互联网业务时 Orange 选择与巨头合作。"Nova+"计划中，Orange 将互联网巨头、专业性网站、移动应用开发者、设备商及其他运营商这五类合作伙伴纳入合作创新战略。设备商和其他运营商保证终端体验及技术标准；互联网巨头、网站、移动应用开发商则带来丰富的内容服务。

在音乐、游戏、视频等娱乐业务方面，Orange 通过与在线音乐分享网站、领先的游戏开发商及在线视频网站的合作，建立相应的服务。比如，Orange 与欧洲流行的音乐分享网站合作，设立音乐套餐，用户购买包月套餐即可无限收听 Deezer 的正版歌曲。Orange 收购 Daily Motion 视频网站，从而更好地提供互联网视频服务，同时补充 IPTV 业务的内容资源。今年，Orange 将 Dailymotion 的少数股份出售给微软及其他公司，从而在全球范围内拓展该项业务。在社交业务方面，Orange 与 Facebook 合作推出 Party Call 服务，Facebook 用户可以给自己的朋友打电话、群组呼叫，而不需要知道或使用对方的手机号码。

当移动互联网进一步升华互联网价值的时代到来时，在 3G、4G 基础网络建设的基础上，Orange 毫不犹豫地布局移动互联网业务。早在 2009 年，Orange 就基于 JAVA 系统推出自己的手机应用商店，而后又相继推出兼容 iOS，Android 等多系统的应用。Orange 除了开发与自身相关的应用外，也根据用户需求，开发出其他种类的应用软件，巩固用户的忠诚度。

OTT 发展引发通信革命，Orange 作为电信运营商也面临这一挑战。Orange 选择以积极姿态应对，在 2013 年便推出通信应用 Libon（图

2-29），为用户提供 VoIP 及免费即时通信业务。不得不说，这是 Orange 想要在用户移动通信 OTT 化的趋势中先发制人的重要尝试。Libon 同时提供免费和收费服务，双方都使用 Libon，则可以在应用内进行免费通话、发送短消息及语音邮件。如果用户选择定价为 2.99 美元的月租套餐，则可以使用额外功能，包括通过 VoIP 打电话给非 Libon 用户、电子邮件语音提示、个性化语音邮箱问候模板等。为了推广该应用，Orange 还推出新用户可以免费使用 30 天服务，同时享受 60 分钟全球免费的固定电话及手机通话的优惠。

图 2-29　Libon 应用用户界面（屏幕截图）

四、融合升级：云计划提升服务体验

从认知"融合"到"融合"实践，集团在融合之路上不断前进，Orange品牌也从电信品牌成长为融合品牌，然而，融合的步伐依然不能停止。随着融合节奏的加快，融合深度的提升，Orange 进一步理解"融合"，从战略、技术、业务层面布局新的融合举措，增强融合的广度与深度。Orange"征服 2015"战略中，云计划成为支柱性战略。

所谓云计划，最初是指 Orange 面向全球企业用户开发云计算业务，并使其完成商业上的 IT 转型。在此基础上，为了给全球用户提供统一的服务体验，提高集团运作效率、降低成本，Orange 旗下实施"云计划"的 Orange Business Services 公司，将 Orange 云计划扩展为同时覆盖集团内部管理与用户业务的全新云项目。为了实现战略目标，支持不同特点的资源、技术、业务迁移需求，Orange 建设开发了云计算应用的服务平台 Flexible Computing，以扩展 IaaS（基础设施及服务）系列解决方案。

由此，一方面 Orange 基于云计划，整合集团云计算技术，将所有基于 IaaS 的项目迁移到 Flexible Computing 平台上。通过集中内外部的云资源，Orange 希望在云计算市场保持领先地位，并且优化成本，简化业务部署流程，缩短解决方案的提出周期，从而提升用户体验。另一方面，Orange Business Services 推出 PaaS（平台即服务）解决方案，使企业能够自己开发托管在 Orange Business Services 基础设施上的应用程序。在 Flexible Computing 平台上，Orange 提供了一个 Web 管理，用户可以根据自身需要来访问基础架构管理服务，同时推出 Flexible Computing Express 服务，为用户提供实时的专家咨询与帮助。

第六节　机构案例：Netflix，全球化内容服务商的融合思维

Netflix 凭借《纸牌屋》在行业内引发不小震荡，由原本付费电视市场的局外人，在短期内转变为大赢家。随着用户广泛接受并习惯用互联网追剧，Netflix 于 2014 年第二季度收获第 5 000 万个订阅用户后，第三季度订阅用户增长低于预期（图 2-30）。加之 HBO、亚马逊、CBS 的 Showtime 等老牌付费电视服务商与 Hulu、雅虎等成长于互联网的竞争对手纷纷摩拳擦掌进入在线视频市场，Netflix 遭遇夹击之势，美国本土在线视频业务增

速放缓、扩张艰难。通过更换新 logo、抢占电影首映权、拓展全球业务等方式，Netflix 正在用"奈氏思维"尝试创新，以继续扩大用户规模，提升市场份额，增强投资者信心，向全球化融合内容服务商全面靠拢。

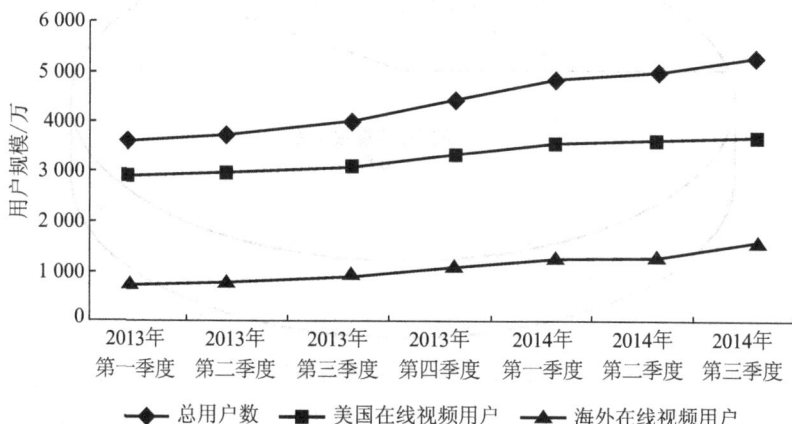

图 2-30　Netflix 订阅用户

Netflix 转型与融合的路径饱受质疑，但其每一次尝试无不为生存而谋，为发展而计。简化业务格局、扩大用户规模的扩张思路，利用数据改变内容生产模式的尝试，突破传统网络供应商限制掌控并完善传输网络的野心，覆盖多终端旨在多屏联动的融合举措，Netflix 并不中规中矩的融合思维值得传媒大佬们关注、思考甚至借鉴。

一、业务格局：简法思维呈现融合之势

与大块头的传媒帝国相比，1997 年成立的 Netflix 属于绝对的轻量级选手，业务布局奉行简单法则。表面上看，2007 年转型后的 Netflix 格局依旧简单，由核心的在线视频业务与保留的 DVD 租赁业务两大板块组成。然而表象之下暗潮汹涌，Netflix 的"简法思维"已呈融合之势，在广度上，其业务由美国本土加速向海外的全球市场扩张；深度上则由纯粹的内容播放向产业链上游延伸，涉足内容生产与发行，并通过与网络运营商和终端厂商的多元合作向产业链下游移动，一面试图掌控内容提升实力，一

面则更加接近用户扩大规模。如此，一家由 DVD 租赁走向在线视频服务的互联网公司轻松地通过简化业务格局实现了全面融合发展（图 2-31）。

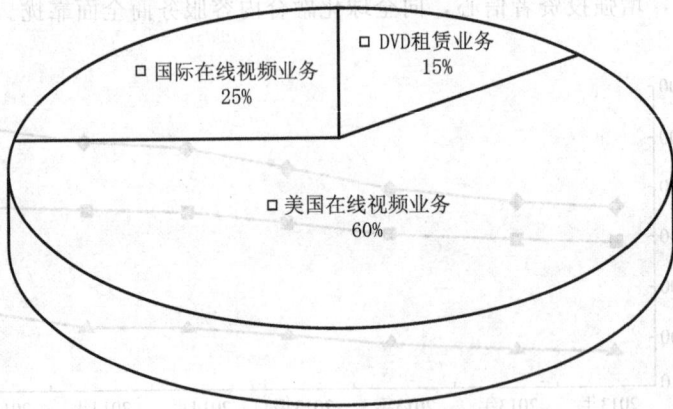

图 2-31 Netflix 业务格局

（一）成熟却不免单一的盈利模式

Netflix 2013 年全年收入为 43.7 亿美元，2014 年第三季度的净利润为 5 900 万美元，同比增长 84％；在美国和加拿大晚间时段所有的网络视频数据流量中，Netflix 占到了 1/3，是 YouTube 的 2 倍多。反观国内流量巨大而大量烧钱的视频网站，Netflix 的利润实在令人艳羡，它究竟是如何俘获用户、实现盈利的呢？

与 YouTube、Hulu 等向用户免费提供内容，主要依靠广告收入实现盈利的模式不同，Netflix 以相对低廉的内容订阅费用和优质服务吸引用户，依靠规模创造收益。这一模式是 Netflix 将原 DVD 租赁业务的盈利方式一定程度上移植到在线视频业务中。"他们常常因低廉的价格而落入消费的圈套，却往往忙得一个月都无暇租上一部 DVD"，Netflix 对用户的深刻认识在互联网上同样奏效，甚至表现更好。

Netflix 的在线视频业务最初实行按流量收费制，一年后改为按月支付 7.99 美元无限制在线观看。于 Netflix 而言，2007 年互联网带宽加宽的东风袭来，公司在线视频不到 5 美分的运营成本，大大降低了原先庞大的成本投入。低廉的价格和足量的内容为 Netflix 带来大量用户。另外，Netflix 提供更多人性化服务，诸如用户免费试用 1 个月，合约按月签用户可随时取消；网站根据用户观影喜好推荐影片等。由此，Netflix 的经济效益节节攀升，成为全美最受欢迎的在线视频网站，订阅用户持续快速增长。

当然，Netflix 的盈利模式依然面临成长挑战。网络运营商对 Netflix 的巨大流量占用大量贷款不满，要求网站为网络建设缴费；内容提供商的要价也越来越高，Netflix 购买内容的成本已经从 2009 年的 9.5 亿美元上升至如今的 50 亿美元。成本提升加之用户规模扩大，Netflix 于 2014 年以超清视频发展为契机提高订阅费用。尽管 Netflix 认为，通过进一步改善内容与服务，仅 1 美元的小规模涨价并不会对用户造成巨大影响，但是 2014 年第三季度仅266 万的付费用户增长规模远远低于投资者预期的事实却不可否认。究其原因，Netflix 成熟的盈利模式存在过于单一的风险。内容购买与网络建设成本的陡然上升，对公司获得盈利造成冲击；全美乃至全球的在线视频用户规模实际上是一定的，扩张有边界，用户数量增长持续放缓极可能使 Netflix 难以维持目前的盈利状况。Netflix 灵活的定价策略与成熟的盈利思路，依然不能逃避盈利方式过于单一这一重要的问题，适当地培养或引入多元盈利模式才是长远的发展之计（表 2-11）。

表 2-11　Netflix 定价策略重要演变节点

时　期	业　务	收费机制	收费标准	说　明
1997～ 2007 年	DVD 租赁业务	按月收费	4.99 美元/月	
2007 年	在线视频业务 DVD 租赁业务	按流量收费 按月收费	— 4.99 美元/月	
2008～ 2010 年	在线视频＋DVD 租赁 在线视频业务	按月收费 按月收费	9.99 美元/月 7.99 美元/月	两项业务打包收费，每次可租赁一线 DVD 支付最高月费 55.99 美元/月，每次可租赁八线 DVD

续表

时　　期	业　　务	收费机制	收费标准	说　　明
2011 年	在线视频业务 在线视频＋DVD 租赁	按月收费 按月收费	7.99 美元/月 15.98 美元/月	业务拆分收费造成百万用户流失
2014 年	老用户 在线视频业务 新用户 超高清视频 "家族套餐"	按月收费 按月收费	8.99 美元/月 11.99 美元/月	DVD 租赁业务在 2011 年后继续与在线视频服务打包支付,新收费标准依旧按照增付 2 美元/月的方式订阅

(二) 广度:立足全美放眼全球

2014 年第三季度,Netflix 美国本土在线视频用户总数达到了 3 722 万人,同比增长 16.7%;国际在线视频服务总用户数量为 1 584 万人,同比增长 72.3%。显然,海外用户的增长势头显示出了强劲的动力 (图 2-32)。

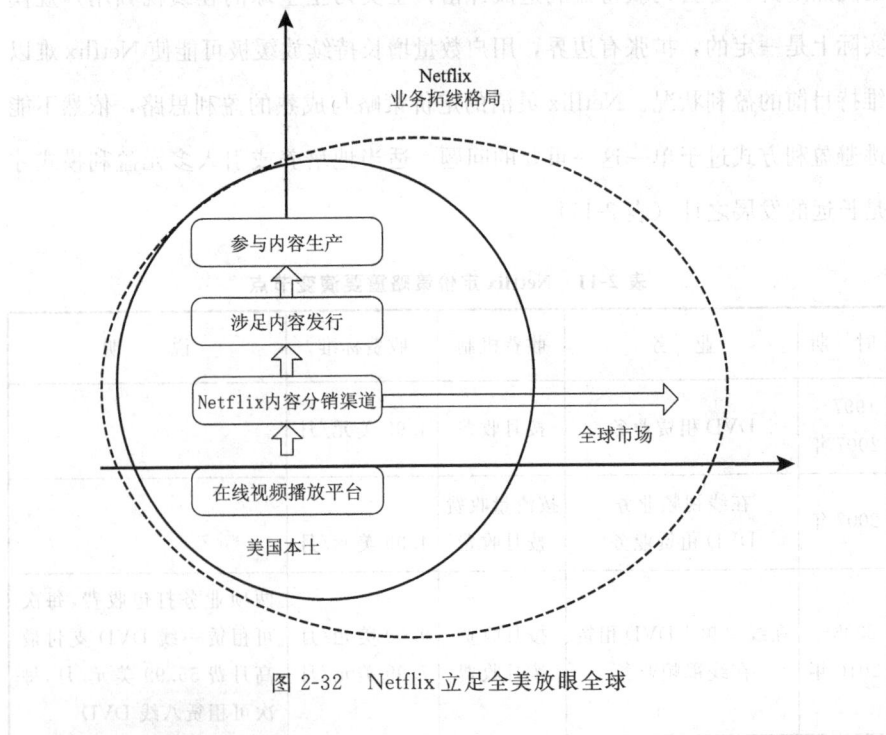

图 2-32　Netflix 立足全美放眼全球

用户越来越习惯手握内容掌控权，Netflix 则抓住世界范围内对互联网视频点播需求上升的趋势走向国际市场。一旦海外市场形成星火燎原的规模量级，全球用户不仅会推动 Netflix 继续购买或原创独家发行的电影、电视剧，也会吸引更多的独立制片商与其合作，共同摆脱六大传媒集团在内容上的控制，共享全球观众和播映收益。

2014 年，Netflix 重点进军欧洲市场，在包括德国、法国在内的六个欧洲国家"落地"。德国是欧洲诸国中宽带家庭用户数量最多的国家，市场前景可观。但是 Netflix 拓展全球业务势必面临三重问题。首先是每个国家的限制性问题，比如巴西，支付方面比较复杂，当地市场还被 TV Global 垄断；法国对电影发行格式的规定相对复杂，一部影片只有在电影院公开上映 3 年之后才能出现在包月收费视频服务中。其次，Netflix 在海外市场也将面对与其他视频服务商的竞争，比如维旺迪旗下的 Canal Plus 在法国提供的 Canal Play Infinity 服务。再次，为了更好地进驻并打开新市场，Netiflix 掷重金购买内容和推广服务，因而增加了成本。Netflix 不惜牺牲短期利益，试图逐一解决三大问题，拓宽业务广度坚持走向全球市场。

（三）深度：涉足生产与发行，业务向纵深发展

Netflix 从一个内容分销商成长为播放平台，业务规模的扩大，使其渴望掌握主动权，继而进一步扩大市场份额。延伸产业链势在必行，Netflix 做得更为果断。首先，Netflix 与一些北美独立制片公司合作开拓首播剧集项目。2013 年 Netflix 的自制剧《纸牌屋》，凭借大数据拓展内容生产；一次性播出、不插播广告的播出模式，迎合用户收视习惯，革新传统电视剧编播模式。Netflix 也从整个内容变现链条的最末端移动到上游，扩大原本有限的盈利空间。

"Netflix 先行"的发行模式也进驻电影市场。2014 年 10 月，Netflix 获得《卧虎藏龙：青冥宝剑》及美国著名喜剧演员亚当·桑德勒 4 部新电

影与影院的同步首映权。亚当·桑德勒的电影还将由 Netflix 参与共同制作，在 Netflix 覆盖全球 50 多个国家的平台上独家首播。于用户而言，"Netflix 先行"的电影发行模式意味着 Netflix 的用户不必再等待 7～18 个月才能看到全新的电影；而于影院和电影发行商而言，这一模式对传统电影发行体系已经产生冲击，发行窗口体系的收益被抢占；对于 Netflix，这无疑将为其扩张全球用户基数、扩大市场份额积蓄能量。

二、组织管理：开放思维营造融合环境

除了业务上的简化布局与商业模式的灵活可变外，Netflix 组织管理的开放思维也为其营造了便于融合的内部环境与企业文化。Netflix 追求高绩效，支付高于市场平均水平的工资，给员工晋升与成长的空间，员工肩负责任的同时也拥有自由，公司与员工有一致的认同，达成松散"耦合"。凭借包容的理念和优厚的薪资，Netflix 吸引了大量优秀的人才，这些人才通常拥有丰富的经验并可独当一面，对自己的项目负责，并在彼此合作中互相启发。

Netflix CEO Hastings 青睐这样的员工，同时也以"弹性工作"回报他们。移动技术的进步模糊了工作与家庭生活之间的界限，企业难以准确记录员工投入工作的总时长，因而员工不需要事先得到批准才能休息，他们自己决定是否（及何时）休几个小时或一个月的假。当然，Netflix 有严格的标准化评价体系，因此员工在百分之百确信自己和所在团队手头项目进展良好及他们的缺席不会以任何方式损害业务（或自己职业生涯）的情况下，才会决定休假。开放的管理体制极大地刺激了 Netflix 的创新能力。

除了管理体制，Netflix 的办公环境也颇具融合特征。Hastings 没有专属的办公室，而是游走在各栋办公大楼之间，与各种各样的人碰面，或者直接坐在有空位的桌子旁处理邮件。需要独处的安静空间时，Hastings 从被玻璃环绕的"瞭望塔"眺望 Santa Cruz 山脉。有时他坐在山羊皮椅上，

与同事们讨论 Netflix 的前景，"我们应该尝试把 Netflix 变成一个有持续学习能力的组织，我的任务就是带头来创造这种学习氛围"。

三、内容战略：激进思维奠定融合基石

Netflix 明白新时代视频行业的发展离不开对优秀内容的掌控，内容是发展的核心，因而其内容策略也相对"激进"。近两年，Netflix 不断提高购买内容的价码：购买迪士尼从 2006 年到 2016 年十年的电影资源，每年花费 3.5 亿美元；与梦工厂的合作价格更是达到了每部电影 3 000 万美元；与 EPIX 付费电视频道最近的合约价值也达 10 亿美元。此外，Netflix 在内容生产和内容营销上的大胆尝试，也颇具野心。

（一）内容的获取之道

尽管 Netflix 早于其他视频网站积累了大量的 DVD 资源，但是仅仅拥有经典老片难以满足胃口挑剔的用户，获取新内容的实力从一定程度上决定了公司的竞争力。尽管身份转换为 Netflix 的内容购买带来巨大难题，但是拥有庞大用户规模与稳定收入来源仍然能够逢凶化吉。一方面，Netflix 有相对充足的资本为影片支付更高的价格。比如，它为《迷失》的 6 季内容支付 4 500 万美元，为《实习医生风云》支付 2 600 万美元，为《汉娜·蒙塔那》支付 1 800 万美元。在价格诱惑下，几乎所有的美国娱乐内容供应商都与 Netflix 合作。另一方面，庞大的规模优势让 Netflix 在与供应商的合作中拥有一定的议价能力，以适当的价格购买优质内容，吸引用户，从而形成良性循环。

在 Netflix 众多合作者中，梦工厂先与 HBO 分道扬镳，转而通过 Netflix 播出影视剧专题片，并为 Netflix 量身打造新剧，反过来 Netflix 享有梦工厂当前在全球所有动画片系列的独家播放权。此外，迪士尼和皮克斯制作的新电影也从 Starz 转向了 Netflix。

（二）制作：变革生产模式

Netflix 利用大数据指导生产，一定程度上变革了电视剧生产模式。通过收集并分析用户在 Netflix 上产生的如暂停、回放等每天超过 3 000 万个行为以及 400 万个评分与 300 万次搜索（如询问剧集播放时间和设备）请求的数据，Netflix 准确掌握用户喜好，有针对性地确定选题、改写剧本情节。

为了真正了解用户的观剧喜好，Netflix 以极其细致的切入点创造了至少 7 万种视频"微类型"（micro - genres），以此来细分已有的视频内容，比如基于现实生活的古装剧、20 世纪 80 年代的外国魔鬼故事等。公司内部把这种分类过程称为"altgenres"。"altgenres"是一项特殊的解构电影的过程，整个系统复杂精确，打破了原本对于影片类型的粗放式分类方法，最重要的是将数万种被细分的电影属性与千万级用户的观影习惯数据相匹配，指导生产，形成 Netflix 内容生产的优势。

除利用数据外，Netflix 通过合作生产实在的 4K 内容来增强内容优势。比如，与索尼合作推出 4K 版《绝命毒师》；与杜比实验室合作，最新的 Dolby Vision 技术帮助 Netflix 增强在线流媒体的超高清和高清视频信号保真度。但目前与 Netflix 合作的 4K 制片方仍然不多，未来还有极大的发展空间。

（三）营销：洞察用户凸显价值

内容价值需要被挖掘才能凸显，Netflix 的内容营销颇有自己的风格。在原创剧营销上，Netflix 找准市场定位，利用热点话题对原创剧集进行包装和编排。2013 年的几部原创剧之间便保持恰当的时间间隔，吊住观众的胃口，每部新剧的点播率都超过预期。亚马逊在推介《阿尔法屋》时强调导演在制片过程中的作用，而 Netflix 在新剧的营销中已经先期制作了"制片人员幕后故事"视频。

另外，Netflix 的首播策略也是其内容营销的重要手段。Netflix 抢先上线首播剧集，尽可能覆盖所有观众，持续发酵一些话题吸引关注。《纸牌屋》正是基于 Netflix 以大数据为话题的科技形象包装及合理的内容布局，将影响力直接转化为 Netflix 的生产力。但是不得不说，首播策略是一把双刃剑，一方面 Netflix 与有线影视频道直接竞争，不得不耗费更多成本持续内容生产；另一方面，抢夺首播权，Netflix 每年所耗费的版权购买费用，已经接近收入的 50%。

除了整体的内容策划与营销外，Netflix 秉持以人为本的服务理念，通过提供人性化的服务来提升用户的视频观看体验。除了强大的视频推荐功能外，Netflix 又推出了新的基于 Facebook 社交平台的推荐功能，能够增强用户之间的视频私密互动，方便用户同时获取更多浏览量与新用户注册。另外，Netflix 推出隐私观看模式，用户在观看电视剧和电影时，若选择在隐私模式中观看，观看数据就不会被记录，满足了用户的私密观影需求。

四、技术支持：全局思维打通融合路径

剥开在线视频服务商的外衣，Netflix 本质上是一家技术公司。对内，Netflix 依赖强大的运算能力；对外，Netflix 则需要稳固、快速、通畅的网络，支撑正常的网站运行。

（一）内部系统架构：担当技术"先锋"

2008 年因技术事故导致 3 天内无法寄出 DVD 的危机后，Netflix 便选择将网站基础架构建立在第三方云平台上而不是自己设立的数据中心内。2009 年，Netflix 开始使用亚马逊的 AWS 服务进行视频转码这类需要消耗大量计算资源来运行的程序。Netflix 将自己在 AWS 里的软件架构称为"兰博"，借此强调每个单独系统都具备独立成功运转的能力，当其他系统出问题时，它依然能照常运转。比如当推荐系统停止工作时，用户依然能继续点播视频，只是他们看到的推荐会是热门电影，而不是

个性化推荐。

"我们相当于缴纳了'先锋税'。"Netflix 负责云平台的 Ruslan Menshenberg 认为，当时 Netflix 大概是最大胆的一家开始大规模使用公有云的公司。Netflix 逐渐将所有的业务都转移到 AWS 上，并在此基础上开发了一系列工具，这使得在接下来 5 年的时间内能够应对迅速增长的订阅用户，并将业务扩展到更多国家和地区。

（二）外部网络建设：自建与合作

视频内容已成为互联网流量占用率最高的形式，而作为最为重要的视频内容提供商之一，Netflix 有着大量的互联网流量需求。Netflix 依靠内容服务起家，没有任何实体网络作为基础，这使其不得不考虑通过合作项目参与到互联网建设中来，并在 2012 年推出自己的开源 CDN（内容分发网络）项目 Open Connect。这一项目在为 Netflix 提供更好的网络环境的同时，可以获得互联网服务供应商的优待，并迫使竞争对手特别是有线运营商们与之合作。

自建网络成本高、耗时长，Netflix 依然需要与宽带公司的合作，获得"快车道"待遇，以提升用户观剧的流畅度。迄今为止，美国四大宽带公司均已经为 Netflix 提供了网络直连的"快车道"待遇。然而，为了满足不断扩张的业务规模，Netflix 通过向美国两大互联网服务提供商（简称 ISP）付费，跳过网络中间商，将自家服务直接接入该公司网络。尽管 Netflix 不愿为此支付高昂的费用，但迫于业务成长不得不妥协，与包括 AT&T、Verizon、时代华纳和康卡斯特在内的互联网服务提供商建立直连协议，在网站与用户之间建立一条专用的快车道。

五、终端覆盖：联动思维落地融合战略

Netflix 不仅同互联网服务商广泛合作，在同终端厂商的合作上也毫不懈怠。目前，Netflix 的用户可以通过超过 1 000 种不同设备收看视频节

目，从智能电视机到机顶盒，从数字录像机到蓝光播放器，从家用游戏机到手机、平板，基本实现了全面覆盖，为实现多屏联动、真正落地融合战略奠定了基础。

在 2008 年，Netflix 开放了 API，使各终端都能接入 Netflix 服务，其中包括 iPhone、Xbox 等。最初，Netflix 更希望开放的 API 带来更多创新，但其真正的价值在于用户可以在不同终端上使用 Netflix，这也为公司带来了大量新用户。2010 年 11 月，API 给 Netflix 带来了超过 100 亿用户的使用请求。

越来越多的智能电视设备内置了 Netflix 的内容，比如 Chromecast、苹果 Keyword、NBPD 机顶盒等，用户观看 Netflix 的内容越来越容易。Netflix 的超高清内容也已经植入了一批智能电视，其中包括三星、索尼、Vizio、LG 等。这些电视机的买家，如果已经是 Netflix 用户，可以直接在电视机中观看视频。Netflix 对游戏机终端的重视可谓独树一帜，从三大家用主机 Xbox、Wii、PS3 到次世代掌机 3DS 和 PSV，Netflix 做到了全方位覆盖。

多终端的全面覆盖为 Netflix 摆脱终端缺乏的困境，实现多屏联动提供了可能。Netflix 依靠多终端内容共通，为用户提供多屏互动的体验方式。例如，或是围坐在客厅的多人共享，或是移动收看，抑或是高品质家庭影院的视听盛宴，甚至是通过智能终端的观看历史社交分享，用户仅仅需要点击小小的红色图标，便可以通过自己喜欢的方式收看自己喜欢的内容。用户的多屏共享需求得到满足，Netflix 也将融合的战略真正落到实处。

第三章 广电业的革新之路

第一节 以 TVOS 创未来

TVOS 是中国自主研发的，也是世界首款专门针对电视的智能操作系统。从 2010 年开始研发，到 2013 年年底推出 TVOS 1.0，再到 2015 年年底推出 TVOS 2.0，上海、江苏、陕西、湖南四地开展试点，历经五六年的研发，TVOS 正在一步步向我们走来。然而，作为一个新生事物，人们对它的认识还存在着诸多误区，应该如何正确认识 TVOS？它的诞生、发展将给整个广电行业带来什么样的价值？

一、为什么广电必须有 TVOS

（一）操作系统是产业发展的重要引擎和核心竞争力

随着电视终端智能化的发展，我国拥有一款自主操作系统已经势在必行，操作系统对于整个产业发展来说，绝不仅仅是一个软件，更是一个至关重要的引擎和一项核心竞争力。它能够给整个行业带来统一的技术标准和庞大的产业规模，从而带动整个产业生态链的发展，PC 和智能手机的发展史已经清晰地印证了这一点。

在 PC 的发展史上，微软及其 Windows 操作系统简直就是一个神话，而整个神话的发端就始于微软为 IBM 开发的操作系统。1981 年，刚刚成立不久的微软为 IBM 研发了 MS-DOS 1.0，作为 IBM PC 的操作系统捆绑发售。在那个硬件昂贵、操作系统基本属于硬件赠品的年代，谁能想到微软公司竟从此发迹。由于 DOS 系统强大的兼容性和优异的性能，除了 IBM PC 之外，越来越多的 PC 厂商开始使用 DOS 系统，整个 PC 行业开始从萌芽期逐渐走向成熟，微软也掘到了第一桶金。1984 年微软的销售额就已经达到了 1 亿美元。

在 DOS 系统之后，微软又推出了 Windows 操作系统，由此一步步走到 PC 行业的顶峰，在 PC 操作系统确立了强势垄断地位，并带动了整个 PC 行业的蓬勃发展。微软的财报显示，2015 年微软营收达到 935.80 亿美元。而来自美国市场研究机构 Gartner 的数据显示，2015 年全球 PC 出货量为 2.887 亿台。如此庞大的市场，离不开微软 Windows 操作系统的贡献。

从智能手机的发展史来看，苹果和谷歌的贡献功不可没。2007 年 1 月，苹果在发布会上首次推出智能手机 iPhone，该手机搭载了智能操作系统 iPhone OS，也就是今天的 iOS。2008 年 9 月，谷歌也正式发布了 Android（安卓）1.0 系统。自此，手机市场格局被彻底颠覆，功能机时代的一代霸主诺基亚覆灭，智能移动终端横扫天下。

数据显示，2015 年，全球智能手机出货量超过 14 亿部，仅仅 8 年的时间，智能手机就从 0 走到了 14 亿部，发展速度惊人。而在这个过程中，苹果 iOS 和安卓成为最大的赢家。2015 年第三季度的数据显示，安卓占据了智能操作系统 53.54% 的市场份额，iOS 的份额是 38.58%，二者相加超过 90%。从销售利润来看，苹果手机独占鳌头，全球智能手机市场 90% 的利润都被苹果拿去了，苹果 2015 年的营业收入更是高达 2 337 亿美元，净利润达到 534 亿美元。新的霸主已然产生，智能手机行业也进入快车道。

以史为鉴，可以知兴替。PC 和智能手机的发展史都已经清晰地表明，强大的操作系统对整个行业的发展都是非常重要的驱动力。反观今天的广电和智能电视产业，一个强大的操作系统的价值也就不言而喻了。如果TVOS能够顺利发展，那也就意味着，智能电视将拥有一个统一的标准化的开发环境和 2 亿~4 亿户的用户市场规模，所有的开发者都可以快速高效地为电视开发应用，并建立更好的商业模式。电视也将真正成为家庭的信息中心、娱乐中心，广电行业的发展也就有了重要的核心竞争力和抓手。

（二）确保信息安全，掌握产业主导权，都需要自主的操作系统

当前，智能操作系统市场基本上被安卓和苹果 iOS 垄断，我国的智能终端基本上都采用了安卓操作系统，这就给信息安全带来了极大隐患。而在电视这样一个对安全性要求极高的领域，只有采用自主研发的操作系统，才有可能实现内容的可管可控，保障国家和民众的信息安全。

另外，从产业的角度来看，虽然同样是采用安卓系统，但是我国厂家拿到授权的时间要比美国厂家晚半年左右，这就导致我国企业的被动局面，失去了市场先机，也就丧失了竞争力。例如，在智能手机市场，同样是基于安卓操作系统，联想虽然销量排进了全球前几位，却没有利润，反而是亏损的。而 TVOS 则是由我国企业直接深度参与研发的智能电视操作系统，由此也就掌握了市场先机，进而掌握产业主导权，带动中国相关企业的健康发展。

二、澄清 TVOS 的两大认知误区

2015 年 12 月 26 日，TVOS 2.0 在长沙召开新闻发布会，这款我国自主研发的全世界首款专门针对智能电视机的操作系统，一时成为舆论风暴眼中的热点话题。在各种声音中，不时传出一些质疑甚至冷嘲热讽的话语，比如 TVOS 没有什么太多创新，不过是安卓的改造版本，是安卓的电视版；比如 TVOS 要强制推行，用了 TVOS 之后不能刷机，不能随便看

视频。这是两种对 TVOS 非常典型又贻害深远的认知误区。那么，真相是什么呢？

（一）TVOS 绝不是安卓的改造版本

引发 TVOS 是安卓改进版这一质疑的第一个原因来自于其系统架构。跟安卓类似，TVOS 也采用开放合作的模式，采用了基于硬件适配层 HAL 的分层架构。

众所周知，目前智能操作系统存在两大阵营：苹果和安卓，苹果走的是封闭的精品路线，iOS 跟苹果公司的硬件捆绑；而安卓走的则是开放共享的路线，硬件和操作系统分离，各种硬件都可以采用安卓系统。要么封闭起来自己做，要么就开放合作与很多人一起做，难道还有第三种方式吗？显然，TVOS 不可能走封闭路线，必须要调动全社会一起做，开放共享。

如果要走开放共享的路线，就必须让操作系统跟不同的硬件兼容，为此安卓提出了硬件适配层 HAL 的概念，通过 HAL 层屏蔽硬件差异性给软件带来的影响，这是一套普适的原理。TVOS 要走开放共享的道路，也在架构中采用了 HAL 层。任何创新都不可能是凭空产生的，都必然要借鉴前人的研究成果，利用 HAL 实现开放共享，这是安卓对智能操作系统的贡献，TVOS 不过是借鉴而已。就像安卓的底层内核用的是 Linux 这一前人成果一样。

引发这一质疑的第二个原因，也是最直接的原因，是 TVOS 在应用开发上跟安卓类似，都用了 JAVA，安卓的所有应用都可以用在 TVOS 上。对此，TVOS 工作组组长盛志凡给予了如下充分的解释：

"TVOS 在应用层确实用了 JAVA，但除了 JAVA 外还有 HTML 5，是一个可拼接可裁剪的双平台。这个技术方案是历经 5 个多月的论证之后的结果。从技术上来看，HTML 5 更适合处理媒体类业务，JAVA 针对的是手机，媒体处理能力其实是比较弱的。我们一开始想过只用 HTML 5，这样也可以避免跟安卓相似的问题了，但是最终还是基于市场的要求，选择了 JAVA＋HTML 5 双平台方案。

"市场战略决定技术战略，我们看中的是围绕安卓的成熟的生态圈，要让那些原本用安卓系统进行开发的机构都可以很顺畅地对接到 TVOS 上来，我们不可能抛开现有的市场、厂家，完全另起炉灶，所以做了一个兼容安卓的方案。

"但是，TVOS 在媒体处理能力上要远远强于针对手机而设计的安卓系统。TVOS 2.0 构建了一个强大的全媒体协同处理机制，可以在同一个平台上统一协同处理直播、点播、互联网电视、跨屏互动等各种媒体业务，这是安卓系统做不到的。

"而且，我们这个双平台方案是可拼接可裁剪的。我们先借用安卓成熟的生态体系，在可管可控的范围内来培育 TVOS 的生态体系。在条件成熟的时候，我们可以把 JAVA 的部分裁减掉，就成为 HTML 5 的单平台了。事实上，在卫星电视这个安卓没有进入的生态体系中，我们就会直接用 HTML 5 单平台的方案。当单平台生态体系发展起来之后，又可以反哺双平台，单平台和双平台相互支持，比安卓更灵活、更丰富。

"另外，TVOS 在安全性上也是跟安卓完全不同的架构。我们采用的是硬件跟软件绑定的安全处理机制，安全性远远超越软件层面的防护。"

这么看来，TVOS 拥有自己完整独立的系统架构，在这个可拼接可裁剪的双平台机制下，还拥有强大的媒体协同处理机制、基于硬件层面的高等级安全架构，这些都是安卓所没有的。应用层用了 JAVA 也只是为了兼容安卓，借用安卓的市场来培育市场，这怎么能是安卓的改造版本呢？

（二）TVOS 用技术支撑安全管理，绝非中国特有

2014 年 6 月，国家新闻出版广电总局发布推进 TVOS 1.0 规模应用的通知，开始对智能电视操作系统软件实施广播电视入网认定，要求以后所

有的智能电视终端，不管是 OTT 盒子还是智能电视一体机等，都必须安装 TVOS 操作系统才能入网。而 TVOS 不能刷机，那些盗版或违规视频也将不能再随便看了，这就引发了强烈的质疑。

事实上，只要对海外内容管理稍加了解就会发现，世界各地对内容都是严格管理的，针对面向家庭的电视屏的内容管理就更是严上加严。以美国为例，2014 年《超级碗》直播过程中，珍妮·杰克逊走光片段不慎被 CBS 播出，全美约 8 900 万观众看到了这一镜头，为了这么一个偶然事件，美国联邦通信委员会（FCC）罚了哥伦比亚广播公司（CBS）55 万美元，可见美国对电视内容管理的严格。

再来看刷机和应用下载的问题。TVOS 采用了硬件绑定软件的安全防护机制，把安全功能直接写在芯片里，如此一来，用户就不能随便下载应用和刷机，只有符合 TVOS 要求的应用才可以被下载和升级，即使把当前系统删除也不可能重装其他系统进行刷机。这么做的好处在于，可以保证每一个应用都是合法而安全的，视频内容不可能被盗版，支付信息不可能被破解。由此一方面，保护了用户的信息安全；另一方面，也为运营商建立健康有序的产业环境提供了保障。这种基于硬件层面的高安全防护已经得到了越来越多运营商的认可，并取得了良好收益，Netflix 公司就是一个很好的例子。

Netflix 公司对终端有非常严格的要求。Netflix 公司会对每一个要接入 Netflix 公司内容的终端进行测试，刷机是被严格禁止的行为，硬件层面的安全是最基本的要求，达不到这个要求，Netflix 公司就不会为之提供内容。从这个角度来说，在中国，没有 TVOS 操作系统的终端，是不可能被 Netflix 公司认可的，有了 TVOS 才有了引入 Netflix 公司的技术前提。Netflix 公司正是通过严格的内容安全管理才建立起了以内容收费为核心的商业模式，推动了行业的合理有序发展。它已经向全世界证明，基于严格管理进行收费，建立有序发展的产业，是一条可行之路。

因此可以说，TVOS 通过技术上的强大安全防护能力，一方面为内容管理提供技术保障；另一方面，也有利于帮助产业建立合理有序的竞争环境，保护内容版权，保护用户信息安全，建立有效的商业模式。任何时间、任何地点都没有绝对的自有，有序的管理也是可以出效益的。

三、TVOS：掌握主导权，重塑电视的未来

智能电视时代，操作系统绝不仅仅是一个软件这么简单，它是产业发展的核心驱动力和主引擎。随着 TVOS 的推行，它将终止广电终端没有自主操作系统的局面，推动广电的深度互联网化，重构整个电视业生态。

（一）TVOS 重构电视产业

作为全球首款针对电视的操作系统，TVOS 将把电视带入智能化时代，彻底颠覆现有电视产业的发展逻辑。

以往，电视机就是一个信号接收器，数字化之后，虽然有了很多业务，但是还是由有线网络运营商来运作，还是比较封闭的，而且各地运营商各自为政，没有统一的标准，也无法实现规模化。OTT 电视给电视行业引入了更多竞争者，但依然是各自为政，没有规模，效益低下。有了 TVOS 智能电视操作系统之后，电视的智能终端才能真正成为一个平台，面向社会全面开放，所有的业务应用都是基于一个统一的平台和 2 亿～4 亿户规模的用户市场，这必然会产生新的商业模式和运作逻辑，产业发展的速度也将大大提速。这是在非智能时代无法想象的。

可以预见，就像苹果用 iOS 终结了诺基亚一样，TVOS 也将是现有非智能电视产业的终结者。

（二）管理层：改变管理手段，从倚重行政手段到技术支撑下的可管可控

TVOS 的出台还将有助于我国广电形成新的管理模式，从倚重行政手段转变为技术支撑下的管理，实现技术保障下的可管可控。

长期以来，我国广电对内容的严格管理都是采用行政命令为主的方式，面对不断出现的违规行为，不断出台新的禁令，这种方式的管理非常被动，随着融合时代媒体形态的彻底改变，越来越多的新生事物出现，这些都将超越传统的监管手段的理解范畴，出了问题去堵窟窿的方式显然将会越来越被动且低效。而 TVOS 如果能够被推行开去，利用高效的安全防护机制，就可以从底层进行积极防御，用技术手段把不安全的内容隔绝在系统之外，变被动为主动，形成更加有序、高效的管理模式，保证电视终端上的信息的可管可控。

（三）行业：掌握主导权，形成规模化，产生新的商业模式

TVOS 对整个广电行业的影响将非常深远，产业链中的各个环节都将因此而发生改变。

对于芯片、终端等硬件的制造商来说，有了自主研发的智能电视操作系统，也就意味着掌握了行业的主导权。在安卓的生态体系中，中国厂商的待遇跟美国厂商并不一样，它的操作系统开发是跟美国的芯片厂商同步的，6 个月之后才会给中国厂商使用，此时市场已经被占领了，中国厂商就只能处于被动局面，没有行业主导权。而 TVOS 则是由中国自主研发的，在研发过程中获得了国内外几十家厂家的大力支持，他们看中的就是行业主导权这一战略意义。芯片生产企业海思向《媒介》表示，海思之所以参与 TVOS，是因为 TVOS 是广电行业非常重要且核心的主引擎，海思通过提前、深度参与 TVOS 的研发过程，可以更加深入地熟悉和掌握 TVOS，从而更早推出有竞争力的芯片产品。华为、阿里巴巴、创维、海

信、长虹、海思等企业的积极参与，可以在智能电视行业构建起由中国企业主导的生态体系，彻底改变被动落后的局面。

对于广电运营商来说，这解决了标准化、规模化的问题。广电数字化受制于条块分割的体制，芯片、机顶盒等也一直缺乏统一的标准，无法形成规模，都是运营商各自为战。TVOS搭建了一个基于统一标准的系统平台，从技术层面解决了条块分割的问题，运营商将受益良多。

首先，由于统一了标准，机顶盒就可以面向全国进行规模化生产，运营商的采购成本将有可能降低。同时，由于机顶盒不再是跟运营商捆绑的定制版本，运营商就可以更自由地选择终端，掌握主动权。

其次，可以大大提高业务上线速度。过去，增值业务的开发往往都是针对某一运营商定制的，不同运营商之间没有统一的接口，这样开发效率就非常低，上线一个新业务耗时很久。上海东方有线副总经理张健告诉《媒介》，"在运用TVOS操作系统之前，我们要上线一款新的电视应用，速度快的大概3到6个月，慢的甚至需要一年以上"，而TVOS提供了统一的接口标准，业务开发将由全社会所有的应用开发者提供，上线速度可以缩短到1周，大大提高行业运行效率。张健表示，"东方有线目前在终端产品中的集成应用超过280个，我们搭建了一个应用商店，每个月都有20到30款新的应用推出"。

再次，彻底改变商业模式。TVOS提供了统一的技术标准，也就可以产生一个全国性的运营平台，所有的业务都可以面向全国2亿的有线电视家庭市场及2亿的卫星和地面电视家庭市场。如此庞大的规模，就给业务提供了足够丰厚的生存土壤。此时，运营商只要做好基础的网络服务和用户服务，业务开发运营全面交给市场，运营商参与分成即可。甚至终端厂商也可能以业务分成的方式参与合作，而不是直接向运营商销售产品。湖南卫视就探索了一条创新的商业模式：TVOS的业务由湖南卫视、阿里巴巴和印记湘广三家共同合作进行，风险共担，利益共享，其中印记湘广是机顶盒厂商，它参与基于智能机顶盒的增值业务收入分成。

对于内容提供商和应用开发者来说，TVOS 则带来了一个标准统一的、基于 2 亿有线＋2 亿卫星/地面家庭的庞大市场，规模效益将带动这些行业加快发展速度。同时，TVOS 的强大安全防护机制也将使盗版无处藏身，内容和原创的价值也将得到更有效的保护，有助于建立更有序、更高效的产业环境。

总之，TVOS 给广电行业提供了一个统一的全国市场。一个基于 2 亿户和一个基于 200 万户的市场将会有不一样的游戏规则，它将产生更多的商业模式，带领更加有序的竞争，给广电行业带来颠覆性变化。

（四）用户：更多业务，更加安全

对于用户来说，TVOS 带来的变化也将是显而易见的。电视彻底智能化，更多的业务可供自由选择。有人担心，由于 TVOS 加强了管理，是不是就意味着要全面收费？显然不是。由于所有的业务都将在全国平台上运行，也将全面市场化，运营商和开发者有足够的利润空间，也就有可能提供更好的服务，同时激烈的市场竞争也将会带来更多免费的内容，App Store 的模式就是一个很好的借鉴，大量免费业务和收费业务同时存在，用户的选择权更加广泛。所以说，管理不等于收费。

另一方面，TVOS 的高安全等级也可以给用户提供更好的安全保护，防止支付信息、个人隐私信息等外泄，获得更安全的使用环境。

第二节　以融合创未来

当我们盘点最近两年的传媒界热词时可以发现，"媒体融合"是一个绕不开的话题。事实上，这并不是一个新鲜词汇，20 世纪末国内学者就已经在频繁讨论，媒介融合、三网融合、全媒体，其实都是同一个概念在不同阶段表现出的特点。从国际传媒产业的发展来看，融合大潮也早已发生，研究者众多。2014 年业界、学界重提媒体融合一词，最主要的原因在于 8 月 18 日中央全面深化改革领导小组第四次会议审议通过了《关于推动传统媒体和新兴媒体融合发展的指导意见》，将媒体融合这一产业现象提升到了国家关注的层面。

那么，身处国内的传媒产业环境，融合还是不融合，怎样融合，怎样才算成功的融合，由谁去融合谁，谁又能抓住机会？这一系列的问题，就是本节希望能够探讨清楚的核心问题。

一、不得不融：这是一场自下而上的产业革命

融合这个现象并非媒体产业所独有，在技术的推动下，产业发展的"跨界"现象时有发生，并且通常是一种自下而上的倒逼过程。这种跨界融合在第一个阶段的表现就是人类社会中的种种产品不断地经历着专业分工—融合功能—专业分工的过程，并且循环往复不断升级；到了第二个阶段，就是产品背后技术之间的融合——正如广告也是一门交叉性学科；第三个阶段就是产业间的融合，一旦到了这个阶段，融合往往就没那么容易实现了，因为产业与产业之间是有天然壁垒的，这些壁垒能否被打破，壁垒间隔着的产业之间是否愿意让出原本的市场空间及利润空间，是否愿意打开原本的保护伞容纳新的进入者……总之，会有一系列主、客观因素影响着产业融合的发生。一旦产业下游的产品、技术都已经实现客观的融合，就会倒逼上游的产业经营者、管理者考虑融合的问题，紧接着就会形成产业政策和产业利益的碰撞、对抗、博弈及制衡，从游戏规则到法律制度，再到理念文化，在这个或短或长的过程中，最后达到融合之后的新平衡。

对于媒体产业来说，这个过程也是一样的，是一场自下而上的产业革命，即便从国外媒体产业的发展历程来看，亦是如此，最典型的例子莫过于广电产业与通信产业之间的融合发展。在广电产业与通信产业各自发展并达到一定成熟度的过程中，两种变化催生了产业之间的融合。一方面是

受众对信息传播产品及业务的需求发生了改变，希望能够尽可能简单、便捷地实现多项业务，希望由同一服务商提供信息服务，包括看电视、打电话、网络接入；另一方面，两大产业市场中的运营机构希望能够在自身市场逐渐趋于饱和的情况下开拓新的市场，尝试新的业务，赢取新的利润空间。这样两种需求交织、成长，最终酝酿出广电业与通信业彼此融合的要求。

1996 年在美国联邦通信委员会（FCC）的多番努力和主导之下，《1996 年电信法》出台，从而彻底打破了美国信息产业跨行业经营的限制，正式掀开了美国网络融合的大幕。与此类似的还有 2003 年，英国成立新通信业管理机构 Ofcom，融合了原有电信、电视、广播、无线通信等多个管理机构的职能，极大地促进了网络融合产业的发展。加拿大也已经建立了融合的管制机构 CRTC，对融合业务进行管理。日本、法国等国家的网络融合也多半从法律、机构等方面入手，推动产业之间的融合发展。

在中国，这种媒体融合的自下而上的特征同样非常明显，"三网融合"这个概念的"前世今生"就是一个例子。1998 年 3 月，以原体制改革委员会体制改革所副所长、时任粤海企业集团经济顾问王小强博士为首的"经济文化研究中心电信产业课题组"，提出《中国电信产业的发展战略》研究报告，随后展开了"三网合一"还是"三网融合"的大辩论。翌年，82 号文出台，明令禁止广电行业与电信行业之间的业务互营，"三网融合"的议题由此被搁置了。2001 年 3 月 15 日，"十五"计划纲要第一次明确提出"三网融合"的议题，在此之后，通信行业进行了较大规模的重组和发展，广电行业也在积极进行网络的升级改造与数字化转型。2010 年 1 月 13 日，当时的国务院总理温家宝主持召开国务院常务会议，决定加快推进电信网、广播电视网和互联网"三网融合"，"三网融合"被提到前所未有的高度，并且拥有了明确的时间表和路线图……

我们在前面也已经提过，媒体融合这个概念并不是新名词，报纸、广播、电视、互联网这些年来都在尝试跨界，只是往往受制于产业政策的管控而胎死腹中。2014 年从国家层面强调推动传统媒体和新兴媒体融合发展，也正是因为无论是在产品层面、技术层面还是市场层面，关于媒体融合发展的需求都已经非常强烈，并且已经成了一种社会现实。在这样的大势之下，遏制媒体之间的融合发展成了最为不明智的行为，倒不如由国家出面干预，引导其走向正确的方向。

不得不融，这就是中国媒体融合的现状。

二、融而不得：政策管控并未全部放开

那么，为什么政府管理部门需要对这种来自市场与产业发展的融合进行管理，并且无论国内外，媒体融合最终都需要由政府管理部门出面去协调解决？首先，早期的媒体资源是一种稀缺资源，譬如频率与频道，因此不得不对这种资源进行管控；其次，媒体涉及传播，也涉及意识形态层面的内容，所以需要引导和监督。这两点原因之下，国家政府对媒体产业的发展都有着自己的预期，也都有着自成体系的管理制度。然而，随着传播渠道走向丰裕，传播模式由单向变成双向互动与平台化，原本的稀缺性已经不复存在，同时产业的成长会使得资本去寻求一个更大的增长空间与增值空间，从促进产业、经济发展的角度来看，放开对跨界与融合的限制就成为必然，政府部门也不得不顺应这样的发展形势。

那么，在中国媒体多年的发展当中，在屡屡提及的媒体改革过程当中，这种融合的要求是第一次被政府管理机构提出吗？其实不是。早在2001 年，《中共中央办公厅、国务院办公厅关于转发〈中央宣传部、国家广电总局、新闻出版总署关于深化新闻出版广播影视业改革的若干意见〉的通知》（中办发〔2001〕17 号）（以下简称"17 号文件"），就曾经对这种跨媒体融合发展提出过要求。"17 号文件"提出文化体制改革要以发展为主题，以结构调整为主线，以集团化建设为重点和突破口，着重在宏观管理体制、微观运行机制、政策法律体系、市场环境、开放格局 5 个方面积极进行探索创新，以进一步壮大实力，增强活力，提高竞争力。"17 号

文件"进一步明确了要积极推进媒体集团化改革，组建跨地区、多媒体大型传媒集团的目标，对比较敏感的传媒业融资问题、媒体与外资合作、跨媒体发展等问题都做了积极、具体的回应。

所以，可以说国家管理层对媒体融合的大趋势一直都是有着比较明确的认知的，也是有着鼓励、扶持的意愿的。只是，由于我国的媒体属性过于特殊，这种"放开"的力度往往达不到市场发展的要求，形成了极为明显的落差，也就在客观层面上影响了媒体融合，尤其是广电与报刊类媒体走向跨界融合的进程。当年《北京青年报》的上市其实就在一定程度上反映了国内媒体所处的这种"意欲放开，却又束手束脚"的尴尬境地。2001年，《北京青年报》的初步计划是把公司25％的股份公开上市，约融资10亿元港币。但是到了7月底，《北京青年报》放弃了先在国内A股市场上市、再赴海外上市的计划，改由在香港联交所上市。但《北京青年报》没有把全部资产拿到香港上市，而是以《北京青年报》传媒发展股份有限公司的名义上市，上市载体不包括出版业务，只包括部分发行、广告、印刷和物流业务。历时近两年，《北京青年报》于2002年12月24日在香港股市成功上市，募集资金12亿元港币，最大的机构投资者是南非的MIH传媒集团，这也在事实上开启了我国传媒融资的新渠道和新方法。

从海外媒体产业的发展来看，最先尝试跨界融合的是靠传统媒体业务起家的老牌传媒巨头，比如新闻集团、贝塔斯曼集团，广播电视业务与报刊媒体业务的运营机构是第一批"吃螃蟹"的人，因为这些机构既有丰富的媒体运营经验为先导，又有令人惊羡的品牌资产做后盾，更有充足的资本资金去试错。可是在我国，情况却恰恰相反，报刊出版机构虽然转企改制相对彻底，但是被限制进入广电类业务；广电类机构虽然急需资本运营去做大做强，却又囿于体制与喉舌的属性而难以与市场对接。到了今天，当我们有了更加开放的市场和宽松的环境时，又迎来了下一个问题，也就是错失了跨界融合的最佳窗口期。

三、融易合难：谁去融，怎样融，都是问题

广电、报刊是我国一直以来的"主流"媒体，在很大程度上代表着国家的形象，传播着政府的声音，在跨界融合的问题上也理应获得最大的政策红利与政府支持。然而，也恰恰是这类媒体在跨界融合的道路上走得跌跌撞撞，远远不及起家于"草莽"的民营力量。而对于发展迅猛并且已经将跨界融合"坐实"的网络媒体，国家层面又多以限制为主，逼迫其左冲右突寻找突破口。所以，说来容易做来难，这就是我国媒体融合发展的现状。

接下来，让我们具体来看究竟应当由谁来主导融合、怎样实现融合的问题。

习近平同志强调，推动传统媒体和新兴媒体融合发展，要遵循新闻传播规律和新兴媒体发展规律，强化互联网思维，坚持传统媒体和新兴媒体优势互补、一体发展，坚持先进技术为支撑、内容建设为根本，推动传统媒体和新兴媒体在内容、渠道、平台、经营、管理等方面的深度融合，着力打造一批形态多样、手段先进、具有竞争力的新型主流媒体，建成几家拥有强大实力和传播力、公信力、影响力的新型媒体集团，形成立体多样、融合发展的现代传播体系。从国家政府的层面来看，由广电、报刊类媒体去主导这样的融合显然是更加合理的，也更满足于"可管可控"的传播要求。然而，这类媒体真的具有吸纳腾讯、百度、阿里巴巴等新媒体巨头的经济实力吗？又是否真的拥有足够的新媒体技术以保证融合之后的发展呢？而且国外媒体融合的背后站着的往往都是资本，这些机构能够凭借资本的推力扫清障碍、扩大地盘，然而中国的主流媒体所处的市场一直都是半封闭的状态，几乎与资本绝缘，那么又如何能够成为融合的主导方，去"吃下"对立阵营的"巨无霸"？再者，现在的局势之下，也不允许这些主流媒体机构慢慢成长以积蓄足够力量——即便管理层愿意给时间与空间，作

为其竞争对手的新媒体也不愿意停下脚步等待其成长。所以，主导融合，又谈何容易。

那么，网络新媒体和民营力量是否可以去主导融合呢？应该也不太可能。首先，民营力量去主导融合，就势必与我国传媒性质中的官办媒体的政治属性相冲突，这是无法协调与解决的。关于企业的属性，在互联网迅猛发展的这些年里，其实一直没有得到媒体产业管理机构的"认可"。从互联网企业的名称上来判断，它们都是数据公司、娱乐公司，远离"媒体"属性；从技术层面和经营层面来看，虽然互联网企业巨头具备了足够的实力，然而，在宣传人才、编采团队还有媒介文化方面却存在明显的短板，因而无法替代主流媒体所承担的社会功能和社会责任；再者，互联网企业的"媒体化"策略已经实施了近十年，但是因为媒体管理机构的主导意识不明、管理体系不清等问题，至今进展缓慢。名不正则言不顺，在这场被赋予了国家使命的融合进程中，互联网等民营力量先天就不具胜算。正如马云言明不做红顶商人一般，互联网媒体目前的意气风发也只能是在"江湖"之中，而非"庙堂"之上。

四、结语

虽然自国家层面提出媒体融合以来，不到半年媒体融合已经成为整个媒体圈最热的词汇，但基本上也只是表面热闹。

对于广电媒体而言，今天再去跨界、去融合已经错过了最佳的窗口期，甚至窗口期马上就要关闭。虽然借助原本的媒体运营经验与政策红利，再加上既往的品牌与口碑优势可以奋力一搏，然而该有的困难一丝一毫都不会少，该有的牺牲、该经历的阵痛也一丝一毫都逃不开。对于网络媒体来说，在相关文件下达之后，互联网企业并没有出现大家所预期的欢欣鼓舞、摩拳擦掌、跃跃欲试的状态。究其原因也不过是因为其在多次尝试中只要稍稍越过红线就必然会换来高额的罚单，比如海外剧引进的从严审查，比如互联网电视发展的一波三折，在政策层面对互联网企业涉足媒体领域的"紧箍咒"始终没有解开。

可是，对于大部分面临"融合"任务的媒体机构来说，努力尝试也许还能博得一线生机，放任自流的后果却是真的要被历史所淘汰。

第三节　以内容银行模式重建评估与交易秩序

基于对传媒产业的深刻认识及内容交易模式和评估方式的实地考察和分析，同时借鉴海外相关服务的经验，中国传媒大学广告学院在 2009 年提出了"内容银行"这一核心理念，并用七年的时间，不断夯实内容银行的理论框架，同时设计、开发了内容银行交易平台和评估平台。目前，中国传媒大学依托该理论模型，正在筹备建设国家内容银行实验室。一旦真正从理论进入行业实践、探索，"内容银行"将为新电视环境下广电的转型带去更大的空间。

那么何谓内容银行？内容银行由什么构成？它有哪些核心功能？它跟现有的内容交易平台相比具有哪些优势和特点？作为内容银行系统的设计者和开发者，下面笔者将对此一一进行回答。

一、内容银行的定义

内容银行的概念不是一蹴而就的，而是经历了一个不断完善、不断被学界、业界反复推敲并进行专家论证的过程。

2009 年，黄升民教授在广东的一次调研过程中提出了内容银行的概念，随后，其团队就对国内外最具代表性的机构一一进行了实地考察和详细调研。经过 3 年的理论研究和探索，内容银行的理论体系基本被搭建完成，其团队在 2012 年 10 月于《媒介》杂志上刊发了封面文章《内容也银行》，对内容银行进行了这样的界定，其团队认为"内容银行是在媒体融合背景下，基于海量内容所建立起来的开放式的内容交易和管理的系统平台"。

2013 年 10 月，黄升民在《内容银行——数字内容产业的核心》一书中对内容银行的定义进行了增补和修订，认为"内容银行是在媒体融合背景下，基于海量内容所建立起来的开放式的内容交易和管理的系统平台，通过建立统一的交易标准，搭建内容存储、支取、增值的机制与平台，加强内容交易、流通、自主增值，实现内容安全与高效管理，推动内容产业升级"。

目前，随着内容银行系统平台开发工作的不断推进，以及国家内容银行实验室筹备工作的展开，内容银行的定义被确定为：内容银行是在网络融合背景下数字内容产业变革的必然选择，是一个基于海量内容所建立起来的开放式的内容交易和管理的系统平台，通过建立统一的交易标准，搭建内容存储、支取、增值的机制与平台，以云存储为基础，为媒体内容提供存储、展示、搜索、分析、评估、衍生、竞价、交易、管理、投融资等全功能服务，能加速内容交易、流通、增值，实现内容安全与高效管理，推动内容产业升级。

这个定义包含四个层次：其一，内容银行的建设背景及其必要性；其二，内容银行是一个系统平台；其三，内容银行如何构建，具有哪些功能；其四，内容银行对行业起到了怎样的推动作用。

二、内容交易平台要借鉴银行的概念的原因

在"内容银行"这个概念源起的探索过程中，我们回溯了货币金融学和银行学的相关概念，梳理围绕商品交易的交易体系，以及对银行概念的理解。

人类历史上商品的交换行为从直接的物物交换逐渐演进为间接的物物交换，在间接交换的过程中，贝壳、羽毛都曾经被作为一般等价物使用过，并最终演化成货币。在 W（商品）到 G（货币）的转换中，马克思将其称为"惊险的一跃"，指商品价值由商品体到货币体的跳跃。随着金银、纸币到支票、电子支付……货币交易支付方式不断变化，商品和服务的交易被进一步激活，而背后负责发行纸币、支票，支持电子支付系统的银行，成为各种交易支付体系能够运行的关键所在。

现代银行最初的职能就是经营货币、充当信用中介人。原始的商品的买卖是钱货两清的，当商品能够赊账购买、赊账销售，信用就产生了。信用的潜在前提条件是对商品及商品买卖双方信息的了解，对所提供的抵押产品价值进行评估，对偿还能力进行评估。因此，银行对于其他社会企业而言，它们之间形成了这样一种社会关系——"银行对其他行业企业单向提供信用，处于支配地位，成为信用社会的信用中心；企业为了获取更多信用主动向银行提供自己的信息，银行也自然成为社会经济信息收集中心。这时以银行为中心，企业间信用和信息构成雪花和网状的混合结构，企业之间能够进行更大更广的信用连接，形成更复杂的社会关系"。而在这种因为信用利益驱使银行无偿获得企业信息的过程中，银行最为隐秘而核心的竞争力浮现出来，有学者这样描述信息对于银行的意义："银行等金融中介机构是生产有关公司信息的专家，具有从信息生产中获利的能力，因而可以区分信用风险的高低。"

因此，借鉴银行的相关理论，联系数字时代内容运营的现实情况和未来出路，我国应建立一个能够将内容货币化的系统平台，这个平台能够汇聚各种内容作品和内容制作、发行、传播、营销等机构的信息，并且能够根据平台内和平台外的海量信息的专业算法和工具评估内容的价值，建立统一的内容交易标准，构建开放、公开、透明的内容交易平台，在交易的过程中以加速内容资产的流通和增值为目标，这与银行的核心概念、功能是一致的，是吻合的。所以，选择银行这个概念作为研究的切入点，将这个平台命名为"内容银行"。

三、内容银行的核心功能

随着"内容银行"概念的精细化和系统化，我们认为大数据支持下的货币化评估平台，互联网 RTB 技术环境下的实时竞价平台，B2B/B2C/

C2C 的多边内容交易、展示平台是内容银行最核心的三个平台板块，概括起来就是三个核心功能：评估、竞价和展示。

（一）评估：在数据库基础之上，量化与质化的交叉融合

对于银行而言，评估的准确性代表着银行从信息中获利的能力，也构成了银行商业模式的核心。因此，对于内容银行而言，评估亦是最核心的一个构成。内容银行的评估对象是特殊的，需要精细化的评估体系。内容产品不同于一般意义上的实物产品，或者完全意义上的虚拟产品。它既需要完整、量化、客观的评估，又需要有专业、精神、主观的判断；它既要考虑市场的供需变化这些经济的指标，又要兼顾公众精神共鸣、思想升华等社会效益的指标。所以，内容的评估必然是一种量化与质化的结合。但是，要用一个怎样的方法来建构内容银行的评估体系？

通过对历史资料的梳理，以及对国内外机构进行了大量的调研和访谈，2014 年，我国提出了一套内容银行架构下的内容评估体系。这套评估体系被命名为"一个综合体，五个子模块"，内容银行的综合评估体系是由全媒体收视评估、全媒体传播力评估、全媒体舆情评估、分析师评估、用户评估这 5 个核心的子模块构成，同时，5 个二级子模块下面又涵盖了 27 个三级指标、106 个四级指标。其核心思想是在大数据支持下，让数据作用于内容策划、投资、生产、分发和营销等各个流程的评估。

内容银行所要进行的内容评估是全方位的，因此不能依赖某一单一来源的数据，内容银行内容的评估，数据采集是多元的，有计算机自动抓取的数据，有行业内认可的现有数据，加上实时的专家和用户的反馈数据；内容银行的评估，数据种类也是多元的，有数值化的数据，有文本的数据，有社交媒体的数据，有新闻网站的数据，有收视、点击、点播的数据，也有评论、偏好等数据。正是在各种多元化的数据基础上，根据内容生产需求、播出状态、内容类型等差异，在评估的数理模型设计上有所侧重。

在内容评估系统的开发实践上，我国主要利用网络爬虫及其相关技术，对内容报道比较集中的各类新闻站点来源、网络视频站点、报纸杂志、行业媒体等媒体来源及 SNS 网站进行了定向的数据采集、链接跟踪等功能的开发，还实现了网页主题识别、价值文本抽取、URL 去重、分布式爬虫等功能。尤其是在微信成为新兴移动互联网产品的当下，微信公众账号的传播价值越来越大，我国研制了微信公众账号信息的实时数据获取系统。在获取信息之后，我们要进一步发掘和提高这些信息的价值，就必须对信息进行一系列的处理、运算和文本分类。在这个过程当中，内容银行的开发者通过获取训练文本集合、预处理、搭建内容领域的专业词典，对文本进行分词、特征提取、构建模型、人工干预等一系列的项目攻关。在分析环节，我国首先从量的角度，利用数据可视化的工具将量化的、统计的结果进行了前端展示。同时，我们通过设定若干分析指标和计算维度，形成了内容银行评估指数、全媒体收视指数、全媒体传播指数、内容银行舆情指数、内容银行分析师指数、内容银行用户指数等指数产品。并且，我国的团队拥有多年来从事媒体研究、内容研究、广告研究、互动营销研究、内容营销研究的科研经验，能对内容进行定性分析、比对和评估，对量化的评估形成补充。

（二）展示：线上＋线下，虚拟到实体的延伸

展示是交易的前提和有效手段，内容银行需要解决的第一个问题是让所有的内容需求者可以随时随地地查看，这就需要给内容建立一个展示的空间。这个展示空间包括两大类：第一，网络化的线上展示交易平台；第二，实体的内容展示交易大厅。内容银行平台的展示、交易功能要通过线上、线下这两条路径来实现。

在线上方面，内容银行平台的展示、交易由内容银行软件操作系统、内容银行网站页面构成，做到实时调取存储在服务器的基础信息和运算资源，对所要交易的内容进行全方位的展示、展播，促使交易完成。线上展

示的优越性在于内容评估数据、竞价数据、交易数据的实时调用、提取，可以随时查询、浏览、对比、咨询，并且在不占用实体空间的前提下，让内容拥有一个持续性的虚拟展示空间。当前，我国的线上交易平台已经进入上线测试运营的阶段。

在线下方面，内容银行能通过建设实体交易大厅的方式为交易双方提供查询、谈判、交易的线下场所。内容银行实体交易大厅是一个常态化的节目交易中心，与目前国内只通过做影视节来组织多方交易的形态有很大的区别。同时，它是面向实体市场的，可以成为城市文化产业地产的衍生，这个理念已经被广州市广播电视台借鉴到广州国际媒体港的建设规划方案中。

（三）竞价：借鉴互联网实践，构建内容RTB技术平台

实时竞价RTB技术对于互联网广告而言早已不是什么新鲜事物，最为普遍的做法是通过分析互联网用户的Cookies来对这些用户进行追踪定位区分，并且对用户进行实时的评估，从而实时启动品牌所设定的竞价策略来对广告进行出价，最终达成实时购买。

内容银行的竞价平台就借鉴了这一思路，任何参与到内容供、需的双方都可以实时管理自己的内容库存，在内容银行平台上参与竞价，在平台数据管理的支撑下，通过实时竞价的形式，让所有潜在的内容买家对所要交易的对象进行竞价。在竞价的过程中，内容产品的实时交易价格，可以在内容银行虚拟交易室中达成。随着竞价数据、竞价信息的不断沉淀，内容银行竞价平台能够为内容银行进一步制定交易标准，为每一个内容设置一个合理的交易标准空间。这个功能将是内容银行平台下一阶段的重点开发目标。

四、内容银行的优势和特点

那么，对比国内现有的交易平台、评估平台，内容银行有哪些优势和特点呢？

（一）平台化构建，最大限度吸纳社会内容资源

内容银行采用平台化的商业模式进行构建，它的使用群体，它的交易、评估、竞价流程都是多边定义，而非线性地单向流动，因此它所服务的对象"具有最大的广泛性"。内容银行所构建的生态圈，包含电视台、互联网、移动 APP、内容制作公司、个人工作室、广告公司、企业等群体甚至更多，它们都聚集在内容银行平台上，每一方都可能同时代表着收入和成本，都在准备为另一方供应产品、提供服务。

这也就意味着内容银行这个平台具有很强的包容性和可伸缩性，能成为同类媒体平台内部的，不同媒体平台、媒体类型之间的，个人与个人、个人与机构之间的跨地区的媒体内容的交易平台。这个平台上交易的内容具体包括三类。第一类是跨媒体的内容交易，比如电视台与电视台之间，电视台与有线网之间，电视台与互联网之间，电视台与移动媒体之间，有线网、互联网、移动媒体之间的交易等。由于不同媒体之间的内容交易存在一定障碍，内容银行所发挥的作用在于能够起到促进和推动作用，减少跨媒体内容交易的困难与障碍。第二类是跨地域的内容交易，主要是从打破不同区域媒体内容壁垒的角度，将不同城市、不同省份、国内以及海外的内容交易市场打通。第三类是个人与机构之间的交易，内容银行不仅仅把对象聚焦在传媒机构上，对于那些有意向进行交易的个人同样能够提供交易平台。同时，也将推动个人与机构之间的交易。形成个人面向个人（C2C）、传媒机构面向个人（B2C）、个人面向传媒机构（C2B）等几种类型。

（二）云端架构核心功能，高效实时

内容银行系统采用云架构，它的交易、评估和竞价三大内容银行的核心功能都是基于云服务来完成和实现的，而且内容银行通过云还能实现内容的云存储和云分发。

内容银行中的云既可以是内容银行平台所运营的公有云，也可以是机构独立建设的私有云，亦可用"公有云＋私有云"并行的方式来分配存储

和运算方案。

内容银行所建立的内容产品交易、评估的海量信息数据库，就是基于云服务进行大数据挖掘处理，来保证整个系统的交易、评估、竞价的流程能够高效、实时地运行。

（三）自建全媒体科学评估体系，让交易有据可依

内容银行引入了自主研发的全媒体内容价值评估体系，这套内容价值评估体系是在借鉴本行业及其他行业已经规范和成熟的评估规则的基础之上，结合现实的需求及内容银行交易平台的特点，综合建构而成。评估系统的完善极大地促进了内容银行的交易生态，使交易有据可依。

内容银行评估分析系统和工具建构在数据库基础上，多种数据库不仅能够自动吸纳内容银行用户提交的商品基本信息、需求的数据、交易的数据、监理的数据，还能够进一步汇聚、融合、交叉分析，形成一个"大数据库"，也就形成一个最优化、集约的数据生态系统。而随着评估系统评估任务的执行，内容的数据信息、评估信息的结果也会不断地沉淀下来，内容银行的评估系统就成了内容信息的汇聚中心，并且伴随着这些数据信息的汇聚，内容银行内容评估的信源识别能力、数据甄别能力、数据挖掘和分析能力也会不断提高，从而形成一个越来越智能的数据生态系统，弥补了现有的内容评估主要依赖人工进行低效、误差大等弊端。

（四）为用户的交易和评估提供多种工具化的应用

在创新交易模式、评估模式的同时，内容银行为了进一步确保买卖双方能够顺利交易，同时赋予内容银行更多的平台化、工具化的属性，内容银行的研发团队又开发了多种独特的工具化的应用，这些应用可以辅助交易、竞价，并且可以分拆成独立的系统进行独立运算，它们包括：

（1）内容列表统计管理工具。使用内容银行进行交易、存储、评估、竞价服务的任何机构和个人可以通过账号注册的方式，系统化管理自己所有内

容产品的信息和需求渠道的信息，了解现有内容的实时交易状态。

（2）项目监理工具。在版权产品及需求的交易中，交易双方可利用监理工具进行沟通、管理交易进程，并对交易中的里程碑事件、文档进行标注、存档。

（3）评估对比工具。评估工具借鉴互联网垂直化 IT、汽车、美妆类网站，为用户提供不同目标评价对象的详细属性及评估指数对比。

（4）在线调研工具。内容银行的在线调研工具由用户调研和分析师调研两部分组成，它们为完全基于机器计算的指数评估提供了更多定性的数据参考，而且通过在线调研，不受时间、空间的限制，基于互联网平台，不需要建立实体的调查现场，不用展开工程浩大的活动组织，就可以每时每刻进行跨地域的大规模的调查。这是一种可实时的调查，调查周期短，数据结果可以实时处理、呈现，便于实施者根据现有情况及时做出策略性的调整。对于分析师调研工具模块的开发，内容银行首先根据内容类型和评估角度建立内容银行评估专家资源库，然后明确评估的对象和目标，按照资源库的专家列表进行匹配和随机挑选，并推送调查问卷。之后专家以在线填答、相互匿名、"背靠背"的形式完成答题，系统便会对专家的回答和意见进行集成数据分析和处理，形成综合性的意见模型。

（5）文本分析工具。文本分析涉及较为复杂的中文自然语言处理，并且内容银行所处理的自然语言语料以媒介领域为主，既有新闻报道的正式语言，也有用户的口语语言、网络语言。内容银行在这一领域进行了词典录入和大量的机器训练，现已实现语义（倾向性正/中/负）、词频（关键词）、词关联、语义聚类、语义分类这五个具体的功能和应用。

第四节　机构案例：TVOS 2.0 的"上海模式"
——专访东方有线网络有限公司副总经理张健

2014 年 6 月，国家新闻出版广电总局发布了 TVOS 1.0 系统，东方有线网络有限公司（以下简称东方有线）成为当时"唯二"的两家试点单位之一。2015 年 12 月，TVOS 1.0 系统全面进化为 TVOS 2.0 版本，TVOS 操作系统成为我国自主研发的新一代具有自主知识产权、可管可控、安全高效、开放兼容的电视操作系统，东方有线是理所当然的 60 多家成员单位之一。

从 TVOS 1.0 到 TVOS 2.0，这是 TVOS 的升级，是我国有线电视运营商未来的希望，也将对整个智能电视产业带来深远的影响。那么，作为该系统的研发参与机构及最早的试点单位，东方有线前后若干年探索与努力的阶段性成果如何，有无可以共享的经验，如何看待电视的未来，又是如何打造了 TVOS 的"上海模式"（图 3-1）？

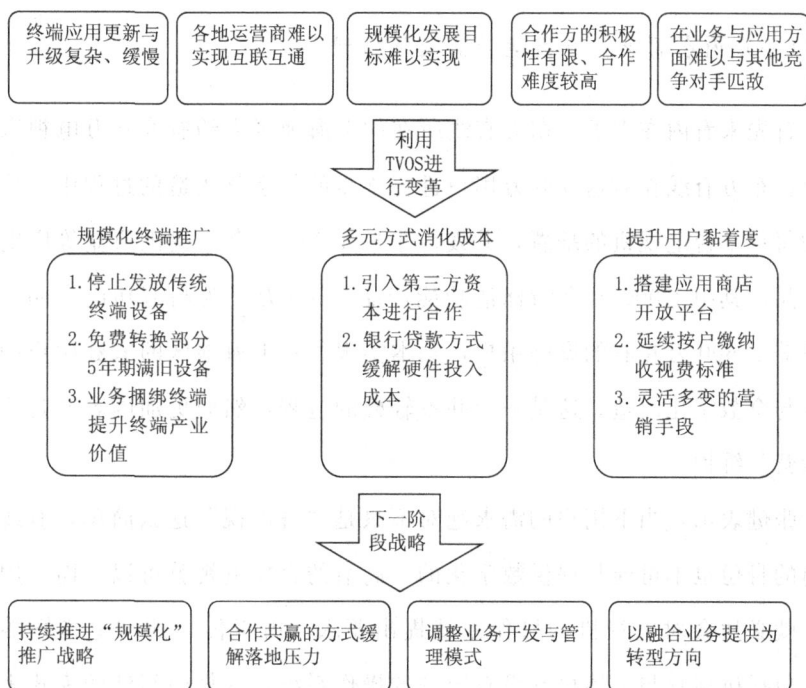

图 3-1　TVOS 的"上海模式"

一、转型十竞争，TVOS 2.0 是有线运营商的必需与必要

2009 年 7 月 31 日，科技部、国家广电总局和上海市政府在上海举行了中国下一代广播电视网启动暨上海示范网合作协议签字仪式，当时预计

到 2010 年年底前，上海地区将完成 50 万户 NGB 示范网络建设，开展基于下一代广播电视网的交互式高清晰度电视、医疗、教育等服务应用，而 TVOS 系统的研发正是与广电 NGB 网络建设、智能电视终端的研发同时起步的。东方有线从 NGB 示范单位到 TVOS 试点一路跟随，是其能够成为 TVOS 话题中极具发言权的参与机构的重要原因。

在采访中张健认为，先不论 TVOS 对整个智能电视产业发展有怎样的意义与影响，单就有线数字电视运营商来说，积极参与、运用、推广 TVOS 其实是一种内在需求与外部竞争共同作用下的必然与必需。

（一）内在需求：有线运营商亟须转型

首先来看内在需求。东方有线所在的上海地区大约有 690 万电视家庭用户，东方有线在对这 690 万用户进行逐步的数字化改造的过程中，按照平均每户 2 台电视机的配置，共发放了约 1 300 万个电视机顶盒等广电终端产品，其中 1 000 万个为标清功能产品，300 万个为高清功能产品，总体覆盖了 600 万左右的家庭用户，基本实现了对上海地区的家庭用户的全覆盖与全数字化改造。这是一个并不轻松的过程，然而更加困难的是后续的运营与维护。

张健表示，当下用户的需求绝对不只是"看电视"这么简单，有线运营商的身份也不可能是提供数字化的、高清的直播电视就可以。而"用电视"就必然会对电视机的操作系统提出要求。由于传统的广电指智能终端，包括机顶盒与一体机并没有统一的操作系统，依靠中间件的模式来完成升级换代是一件耗时耗力的工作，"对于用户来说，在智能手机中更新一款应用或者下载一款应用，都是几分钟的事情。但是在运用 TVOS 操作系统之前，假如我们要上线一款新的电视应用，速度快的 3~6 个月，慢的甚至需要一年以上——这显然无法与当下的市场需求相匹配。尽管广电网络运营商通过数字化转换、推广双向业务，使有线电视业务模式的个性化有所改善，但传统机顶盒的业务适配难度大，开发运营成本高，依然难以适应用户收看视频个性化的趋势，用户收看视频的需求分流到其他网络的情况日益严重"。

（二）外部压力：OTT TV 的市场竞争愈演愈烈

智能电视在我国已经形成了一个初具规模的产业，无论是智能终端产品的数量还是参与的机构数量都非常庞大，OTT TV 中的互联网力量正在急速地改变用户对于电视的需求。张健表示："用户已经不再是从前的'观众'，他们在'电视'这个产品的选择上也不再只有有线电视这一个选项。我们的竞争对手虽然不能够提供直播电视业务，但是都在极力打造丰富且多元的电视应用。而我们在这个方面受制于技术和终端产品而不能很好地发力，这是非常遗憾的。TVOS 正是为了解决这个问题而生的。"

对内，TVOS 可以帮助传统有线电视运营商进行全面的转型；对外，TVOS 可以有效地提升有线运营商的竞争实力，这是东方有线积极参与到 TVOS 2.0 的开发与推广中的重要原因。张健表示："传统有线运营商如何转型？我认为，如果不能够提供基于 IP 网络或者 OTT 的业务，就不是真正的转型。广电网络运营商必须在数字化转换的基础上，进一步提高 IP 通道的传输能力，加快现有机顶盒的改造替换进度，才能顺应市场发展趋势，在激烈的市场竞争中占有一席之地。"

二、两年探索、两个重点，东方有线论证 TVOS 的可行性

当然，外界对 TVOS 最大的疑问就在于其可行性的论证，毕竟市场的认可程度直接决定了这个操作系统是否能够在尽量短的时间内被推广及普及。而东方有线在这个问题上显然是极具话语权的。

2012 年 3 月广电总局组织并成立 NGB TVOS 合作开发小组，东方有线作为小组成员在广电总局科技司的领导下，根据任务分工要求和安排顺利完成了 TVOS 1.0 中承担的开发和实施工作。2013 年，依托 NGB TVOS 合作开发小组的科研成果，东方有线与各成员单位共同申请国家科技重大专项"核心电子器件、高端通用芯片及基础软件产品"《智能电视终端操作系统参考设计开发及批量应用》并获得批准。

具体来说，东方有线为 TVOS 提供的研发工作包括两大方面。

一是总体指导：参与 TVOS 技术路线、体系、架构和技术方案的讨论，制定实施方案、组间技术协调、团队建设、实施条件保障等。

二是需求及示范：TVOS 平台及相关应用的业务需求，应用的测试要求，确保 TVOS 平台与其相关应用在示范城市的网络中安全可靠地运营。

2014 年年底，东方有线在全市发放了 3 万个内置 TVOS 操作系统的终端。2015 年下半年起，东方有线以市场化手段大规模部署基于 TVOS 的智能机顶盒，到 2015 年年底已完成部署 50 万台。

张健表示，2016 年东方有线的 TVOS 终端数量计划新增 100 万台，累计达到 150 万台的规模，传统的终端已经停止发放，最终内置了 TVOS 系统的终端产品将取代所有原有机顶盒。从这个层面来看，东方有线无疑是目前在 TVOS 的运用推广方面走得最快的有线运营商。

（一）规模化是实现市场化竞争的第一要务

在 TVOS 的推广与部署策略方面，东方有线的第一个重点是希望尽快实现规模化。对此，张健解释道："只有把用户抓在手中，有线运营商才有未来。而对于用户来说，足够好用的终端产品是唯一能够留住他们的理由，所以我们花费了极大的心力去进行 TVOS 终端设备的推广，坚定地执行 TVOS 的终端部署战略。从实际的运营层面来看，因为 TVOS 的核心是开放的，所以也更利于我们做业务的升级和集成。2015 年大规模推广以来，东方有线目前在终端产品中的集成应用超过 280 个。我们搭建了一个应用商店，每个月都有 20～30 款新的应用推出——虽然数量不多，但是效果却不容小觑。刚开始我们的应用 95％都是免费的，从 2015 年 10 月开始，我们推出了不少付费应用，市场反馈良好。目前，这个应用商店的活跃度非常高，用户的访问率达到 30%，下载和购买应用产品的用户比例也不低。例如，游戏类产品的充值收入在一个月之内就达到了 15 万元，在仅有 50 万用户的基准上，这个比例已经相当令人欣慰。"

应该说，规模化是实现商业模式盈利的第一个基础。但是长久以来，不同地区的有线运营商所设计、推广的终端设备千差万别，一方面阻碍了全国"互联互通"的目标实现；另一方面，也让各个环节的合作机构举步维艰，"规模化"是难以企及的目标。而 TVOS 的出现则帮助有线运营商打破了地域的限制，不同的城市可使用同样的系统，合作方也有了更加便利、广阔的合作前景。于是，规模化第一次成为指日可待的发展目标。

（二）业务＋终端的捆绑模式是实现盈利的解决方案

第二个重点，东方有线将之定位为业务＋终端捆绑的推广模式。张健表示，东方有线希望三年内可以实现 400 万用户的推广目标。按照上海地区目前 600 万户家庭 1 300 万台终端的基准测算，意味着几乎每个家庭都可以实现智能交互。结合各种现实条件来看，要实现这样的终端推广目标，全部免费发放策略显然成本过高，但采用纯粹的市场化销售方式又很难打动消费者，所以，东方有线采取了终端与业务捆绑的模式。对此，张健是这样解释的："目前每台内置了 TVOS 系统的终端产品成本大约为 550 元。如果我们要实现 400 万台的推广目标，也就相当于需要承担 20 亿元左右的成本。先不论是采用与第三方合作方式还是采用银行贷款的方式，仅从用户的角度来看，我们的推广策略应该是免费＋付费并行。其中，免费赠送的是指对过了 5 年折旧期需要更换的机顶盒进行免费升级；付费的模式就是将业务与终端产品捆绑，一方面能够提高用户使用终端产品的积极性；另一方面，付费业务的使用会使得每台终端产品都有'产出'，可以化解掉成本的压力。如果持续两年续订，终端成本基本就回收了。"

那么，用户对东方有线付费业务的付费意愿就成为这一战略能否成功的关键点。可喜的是，东方有线已经培养起了较为稳定的用户付费行为习惯。例如，东方有线目前的高清终端设备数量为 186 万台，其中 140 万台为付费用户；点播回看业务的续费率在 90％以上；在东方有线的整体收入结构中，40％以上的收入来自增值业务，其中付费电视 2 亿元，宽带业务 4 亿元，专线专网服务 6 亿元。"东方有线的整体收入每年都在增长，基础收视业务带来的收入是每年都减少的，也就是说所有增长的部分都来自增值业务，用户的付费意愿是比较强烈的。虽然国内任何一家主流视频网站的用户数量都超过我们，但是其中的付费用户比例只有 1％，而东方有线的用户中，付费用户的比例高达 20％，并且还在持续增长。"

更重要的是，东方有线利用用户付费意愿进行业务捆绑终端模式的 TVOS 推广已经初步被印证为有效。在 2015 年的推广工作中，东方有线与中国移动展开全面合作，将直播电视、高清点播与移动的语音通信、宽带上网业务进行捆绑销售。在推广期内，用户规模达到了 30 多万，ARPU 值更高达 88 元/月。"TVOS 2.0 的优化给了我们去提升业务与应用的质量和数量的可能。理论上来说，在 Android 平台上的很多应用都可以直接平移到我们的平台上，迅速形成规模效应。有了 TVOS 2.0 系统的智能终端，相当于传统电视机顶盒与 OTT 盒子的集合体，支持所有 IP 形态的业务。也就是说，其他 OTT TV 产品能够提供的业务和应用未来我们都能够提供，再加上有线运营商的直播业务优势，其市场竞争力是不言而喻的。"

三、机遇与挑战，TVOS 2.0 带来的新变革

当然，作为新生事物，TVOS 2.0 对于任何一家有线运营商来说都意味着一场彻底的变革，是对其实力、心态、观念的全方位检验。结合东方有线自身的实践与探索，张健认为有线运营商的改变应该体现在以下几个方面。

（一）以合作共赢的方式应对落地压力

张健表示，为了部署基于 TVOS 的智能机顶盒，抢占家庭互联网业务入口，广电网络运营商面临的两大挑战分别为终端成本的消化以及合作机制的建设。伴随着功能与性能的飞跃，TVOS 也带来了终端成本的提高。在广电总局的大力推动下，TVOS 在操作系统方面搭建了一个标准统一的基础软件平台，有利于硬件厂商发挥各自技术实力，扩大终端生产规模以获得规模效益，从而降低终端成本。东方有线一方面通过自身力量快速部署智能终端；另一方面，希望推动广电智能终端产业联盟的发展，从而推动更多的广电网络运营商早日部署智能机顶盒，促进终端采购成本下降，为各兄弟单位克服这一前进道路上的障碍贡献自己的力量。

同时，为使智能终端上的业务更好地满足用户个性化需求，避免智能终端在部署后"热装冷用"，有线运营商需要加大智能业务的开发与推广。然而众所周知，广电网络运营商多为国有企业，在面对规模大、需求单一的市场时，能很好地发挥国企的优势；然而在个性化、需求复杂的市场中，也暴露出国企响应市场需求迟缓的弊端。因此，对于智能终端上的增值业务，东方有线准备加大对外合作力度，甚至要打破现有的股权限制和制度限制，通过资本运作实现融资渠道的多元化，共同构建全新的广电＋生态圈，实现行业、产业更好的发展。

"TVOS 在基础软件平台层面解决了困扰广电网络运营商多年的标准不一以及由此带来的终端成本高、业务部署迭代迟缓的问题。给广电网络运营商争夺家庭互联网业务入口、业务模式全面转型提供了一项的重要手段，也为广电网络公司进一步提升网络价值、再创辉煌奠定了坚实的基础。"张健如是说。

（二）推广压力的短期解释与长期解释

按照东方有线的实践经验来看，TVOS 设备产品的推广工作必须与现有业务衔接起来：一方面，可以为存量高清互动付费用户在续费升级过程中替换原有机顶盒；另一方面，通过向收费模式补贴，制定智能机顶盒上使用原有业务的优惠资费政策，提高智能机顶盒的开机率。

张健认为，推广智能机顶盒短期来看是成本压力，长期来看是公司业务开发模式和管理模式的压力。

在业务开发方面，智能业务不能仅仅把目光放在机顶盒和电视上，更要顺应市场潮流，着力兼顾电视屏和手机屏的业务协同，然而广电网络运营商在手机端的业务开发能力薄弱。在业务推广方面，网络运营商传统的营业厅渠道更胜任终端销售，而智能业务将更加依赖公司的电子渠道，这也是目前广电网络运营商的营销短板。

此外，传统职能部门的直线管理模式使业务开发周期长，部门协调困难，造成企业对用户需求响应慢，无法适应互联网业务快速迭代的节奏，因此智能业务给广电网络运营商的企业管理模式提出了挑战。

（三）融合业务的提供者将是有线运营商的发展方向

对于"TVOS 将如何影响有线运营商的发展战略"这一疑问，张健则表示，融合业务的提供者将成为有线运营商的重要转型方向。

对此，张健是这样解释的："搭载 TVOS 的智能终端，给广电网络运营商提供了抢占家庭互联网业务入口的利器；同时有利于广电网络公司区分公益类和市场类业务，为企业跨界合作、业务转型、国企改革等提供了便利条件。TVOS 的推出，也促使公司业务从单一业务向融合业务转变。从应用形态来看，结合智能终端的特点，我们将重点以多屏融合作为业务的主要表现形态。直播、点播和在线交互结合的形态将是我们的重点。这将极大地改善用户的使用体验。电视屏具有屏幕大、图像清晰等特点，但是其交互性不如移动终端，我们通过将手机和智能终端实现绑定，就可方便地实现各种交互功能。这些业务形态的创新，可以增强用户黏着度，提升用户体验。"

第五节 机构案例：湖南模式再创新，引领 TVOS 新时代

——专访湖南有线电视网络集团总经理王志林

2015 年 12 月 26 日，TVOS 2.0 操作系统在长沙正式发布。敢为天下先的湖南有线再度大胆创新、多方合作，迅速响应、参与，应用、落实 TVOS 2.0 系统，并大力推广，成为 TVOS 时代的排头兵。

一、困惑中抓住牛鼻子，TVOS 2.0 迅速落地湖南

TVOS 2.0 的研发和推广之所以能起到一呼天下应的效果与业界的真实需求和运营实际是密不可分的。

王志林总经理从参加工作就在广电，从电广传媒网络分公司到华丰达网络控股，再到湖南有线集团，他一直在做网络，是湖南有线电视网络的参与者和见证者。借着采访的机会，他首先跟我们谈起有线网络运营商存在的两大困惑。这或许可以解答为什么湖南有线电视网络要积极参与 TVOS 2.0 系统的开发并且迅速落地这一系统的问题。

"第一个困惑就是终端标准化的问题，一个是硬件的标准，一个是软件的标准。从 2006 年数字化到现在 10 年时间，有线网络运营商一直为终端的标准所困惑，因为终端标准不统一，我们上载业务就相对困难，而且当时我们的数字化机顶盒是免费的，考虑到成本压力，我们之前发放的机顶盒性能有限，能够承载的增值服务也有限，双向接入用户的数量和 ARPU 值也受到了影响。

"第二个困惑是现在 DVB 交互业务的数量还很不足。因为 DVB 交互业务上载相对而言比较困难，各省的系统和平台又没有一个全国标准，这让交互业务推广更加不容易打开局面。如果国家能够把 TVOS 作为强制标准，所有的平台和系统都朝终端标准看齐，所有的应用要适应终端系统，

这个事儿就有力度了。广电网络无标准时代应该要终结了，我们相信2～3年之内就能解决这个问题，湖南有线已经做好了准备。

"操作系统统一之后，我们就可以突破现在有线电视交互业务和内容规模上的瓶颈。基于统一的交互业务平台，去吸引大量的业务开发者和提供商来上载自己的产品。这样，我们就不用自己去开发APP，再一个一个适配上去，而是只用做底层，面向全国市场的APP提供商去做，这样应用的业务量才能起来。

"不仅是业务，TVOS操作系统对现在的网络体系而言同样起到了助力的作用。因为我们的平台、系统和局域网改善都要往这个标准上靠，大家都需要操作系统这个牛鼻子。"

二、YunOS 操作系统完全符合 TVOS 技术标准

在TVOS 2.0正式发布之前，2015年6月下旬到7月初，电广传媒发布两大公告。一条是战略性的，即"电广传媒宣布将与阿里巴巴在多方面进行战略合作"；另一条是具体业务方面的，即"电广传媒宣布旗下湖南有线与天猫、印纪湘广签署《三方商务合作协议》，另外，湖南有线与印纪湘广签订了《投资合作协议》，将在湖南有线的电视用户中推广搭载阿里巴巴YunOS的机顶盒"。公告中显示："湖南有线负责提供湖南有线电视网络用户资源，并根据智能机顶盒发放的进度计划，投资建设支持家庭互联网业务运营要求的双向网络。天猫负责提供家庭互联网业务产品，提供相应接口以便与湖南有线增值业务管理平台及BOSS平台的对接。印纪湘广负责协议规定智能机顶盒的投入。"

"在我们三方的交流沟通过程中，大家都提出了很多很好的想法和模式，比如业务如何打包，机顶盒如何推广，在不同的网络环境中用什么技术支撑……各个方面都有探讨，既拓展了思路，也取得了一些共识。然后我们就按照终端规划、技术对接、业务部署、营销策划等方面的工作，成立项目推进的责任小组，将各项相关工作有序推进。合作中，阿里巴巴和

印纪湘广都提供了很重要的支撑，我们的团队也很不错，从搭载 YunOS 的'家盒'，到确定 2015 年 12 月 26 号 TVOS 2.0 在湖南发布，我们只用了三个月的时间。"王志林总经理介绍说。

在三方的共同努力下，2015 年 9 月，湖南有线正式推出华魅力家＋TV 高清智能机顶盒，简称"家盒"。与此前的高清机顶盒相比，湖南有线"家盒"芯片能力提升了 6 倍，内存提升了 9 倍，电视回看从 3 天升至 7 天。并且"家盒"拥有顶级硬件配置和超强应用支撑能力，同时承载了传统 DVB 机顶盒、OTT 智能终端、高保真音效、无线路由器四种设备的功能。王志林总经理表示，"家盒"内嵌的 YunOS 操作系统完全符合国家新闻出版广电总局对 TVOS 的技术标准要求，保证业务可以完全互联互通。

"同时，湖南有线和阿里巴巴都是 TVOS 2.0 标准工作组成员，我们终端技术体系就是按照总局 TVOS 2.0 的要求规划的。阿里巴巴 YunOS 进入有线电视领域必须符合广电总局标准，这一条是合作的硬性要求，我们在合作协议中有特别的约定，必须跟广电总局的思路和部署保持高度一致。"王志林总经理介绍说。

三、2016 年将是铺设 TVOS 2.0 机顶盒的关键期

截至 2015 年年底，湖南有线拥有近 600 万有线电视用户，其中数字电视用户达 560 万户，互动电视用户已有 230 万户。王志林总经理介绍说，2016 年将是铺设 TVOS 2.0 版机顶盒的关键期。湖南有线将推出四款"家盒"，分别为 DVB＋OTT 版、DVB 高清交互版、IP 版、无线版。这四款机顶盒对应四种不同的用户需求，承载的业务也有差异。DVB＋OTT 版是最高端、融合化程度最高的一款；DVB 高清交互版侧重于 DVB 业务；IP 版和无线版相对简单。2016 年，湖南有线将率先利用 DVB 高清交互版来搭载 TVOS 2.0 系统。

为什么是这一款呢？"因为 DVB 高清交互是这些业务匹配当中相对而言最难实现的，我们拿这一款机顶盒先行先试、树立标杆、加速迭代，稳

定之后再带动其他各款的升级。四款'家盒'的知识产权都属于湖南有线，操作系统都统一在 TVOS 2.0 的框架之下，通过 2~3 年的时间，将湖南有线的数字电视机顶盒全部搭载 TVOS 2.0 系统，全部无条件升级到 TVOS 2.0，我们是有信心的。未来，我们还会继续优化升级程序，让用户实现更便捷地在线升级服务。"这无疑是湖南有线在给自己加压，也是给自己增添动力。

四、最重要的贡献在于探索广电平台化合作共赢

湖南模式最大的特色在于通过搭建三方合作的开放平台，广泛地跟应用开发者合作，以完全的市场化行为走出 TVOS 2.0 商业运营新模式，这在全国是独一无二的。

在这样的合作过程中，湖南有线向两大合作方开放 600 万网内用户资源，得到装载有 TVOS 2.0 系统的机顶盒和与互联网企业对接的互动内容和业务。在当前互联网＋平台化运营的风潮之下，湖南有线积极对接互联网企业和社会资源，合作的互利互补性非常显著。

此前，湖南有线董事长邓秋林在接受媒体采访时表示："阿里巴巴的业务比较强大，相应地需要一个较为强大的网络支撑系统，这是我们合作的基础条件。因此，我们需要共同完善网络生态、管道生态、平台生态、终端机顶盒生态……只有大家成为利益共同体，才会齐心协力实现共同目标。广电跟互联网公司相比还是有显著差距的，但是与互联网公司的合作，给广电首先带来的应该是思维的转变。广电在各个地方做了很多模式，但是老百姓并不是很满意。如何学习互联网的思维与模式，技术、市场、支撑平台等多方工作人员反复进行了沟通交流，已经激发出很多想法，相信这对下一步工作会带来积极影响。"

笔者认为，TVOS 2.0 通过"家盒"在湖南有线的落地，不仅仅是湖南有线高效执行能力的体现，更大的价值在于它通过背后云端的开放平台，将有线网络的承载能力、互动电视的交互能力以及 TVOS 2.0 操作系

统的优越性向社会资源开放，由独家自导自演，转变为主动搭建舞台，多家登台唱戏，实现合作共赢。

而在此次采访的最后，王志林总经理也做出了非常中肯的评价："湖南人讲信义，讲实干又敢干。湖南有线是相对比较开放的运营商，在基于平台安全可管可控的前提下，我们的开放程度可能比其他省的同行要高一些。阿里巴巴也愿意与我们这样的平台合作。实事求是地说，我们虽然看好这个模式，但尚在摸索中前行，很多细节问题可能会在合作过程中不断地暴露出来，但我们依旧要往前走，问题暴露一个，就解决一个。只有敢于尝试，才能更加接近成功。"

第六节 机构案例：华数模式，从新电视到新平台

互联网时代，"跨界"和"融合"已经成为广电行业发展的大主题。早在十年前，华数就已经开始了三网融合的探索之路。发展至今，华数充分发挥了"新媒体、新网络"的产业竞争优势，实施"资本＋产业"双轮驱动高速发展的模式，由传统广电媒体向兼有新媒体业务和自有有线电视网络的综合型广电新媒体转型。

2014 年 11 月 19 日至 21 日，由国家互联网信息办公室和浙江省人民政府联合主办的首届互联网大会在乌镇召开。在 19 日上午举办的第一场议题为"新媒体新业态"的论坛上，华数集团总裁曹强发布了题为"华数之路"的主题演讲，从新网络、新媒体、技术支撑、原创内容四方面向来自全球互联网及相关行业的嘉宾分享了华数"创新之路、融合之路"的发展历程。

一、网络创新融合：一体化运营之基础

华数在融合道路上的第一块基石就是网络。曹强表示，华数致力于将有线网建设成社会经济发展的重要基础设施，无所不在的基础设施。

通过在杭州发展有线网络业务,华数创立了独特的杭州模式,使得有线网络业务经营稳定,成为公司新媒体业务的实验田。目前依托广电的有线电视网络,华数可以同时在有线电视 Cable 线上传输海量的视频和数据,从最新的技术标准来看,可以支持最高下行 10 Gbps(比 4G 网络快 100倍)和上行 1 Gbps(1 分钟内下载完一部高清电影)的传输带宽,就目前的商用情况来看,已有千兆接入的成熟案例,可以媲美甚至超过光纤到户的接入速率。

与此同时,华数积极搭建的"跨代网"正在推进中,在浙江省有线电视网存量资产的基础上,对核心网、接入网进行全面的升级改造,同时对家庭网进行提前布局,实现家庭的有线无线一体化覆盖,形成融合"广播加交互""光纤加同轴""终端加云端""有线加无线"的网络架构,支撑全业务的开展。

曹强还表示,未来几年,华数会有将近 1 亿左右的有线电视用户及5 000万的 OTT 用户,在此用户群上,华数会把全部用户连接起来,形成一个整体,形成全球最大规模的 VIP 互联网、VIP 有线网。

二、媒体创新融合:全覆盖,满足用户个性化需求

互联网时代,屏幕增多,用户的需求不断细分,华数以有线网为基础,布局基于互联网、电影网的产品,以满足不同屏幕用户的需求。

(一)夯实有线电视业务

作为华数的基础业务,有线电视业务虽然在一定程度上受到了新媒体业务的冲击,但由于其在地域、扩展性等方面都极具竞争力,以及华数本身对有线电视业务的升级改造,这都使得有线电视业务避免了被取代的命运。

目前,华数高清云电视包罗百万小时影视、资讯、音乐、看吧等海量、多元化的高清内容,涵盖政务、生活、财经、教育、购物、阅读、游戏等全方位的城市信息化服务，形成了基于有线数字电视的综合信息服务平台，实现了从"看电视"到"用电视"的转变。

（二）多屏覆盖，发展融合新业务

目前，华数已经构建起了除有线数字电视之外，包括手机电视、互联网电视和互联网视频为主的多屏业务模式，在本网、公网做到了渠道的最大化覆盖（图 3-2）。

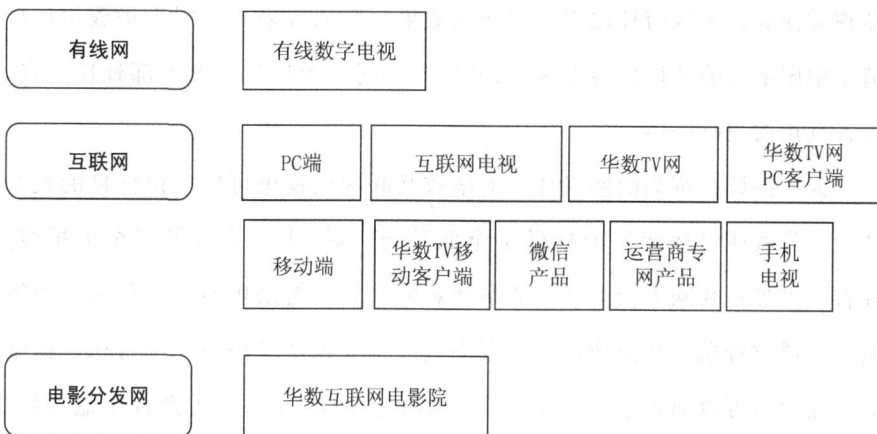

有线网	有线数字电视			
互联网	PC端	互联网电视	华数TV网	华数TV网PC客户端
	移动端	华数TV移动客户端	微信产品	运营商专网产品	手机电视
电影分发网	华数互联网电影院			

图 3-2　华数媒体产品

在 PC 端，华数以华数 TV 网为主战场，汇集全国 500 多档热门电视栏目，用户可以任意点播不同电视频道、不同播出时段的电视节目，直播频道为用户提供多达上百套的电视台同步直播信号。华数集团作为首届世界互联网大会官方合作伙伴，承接了互联网大会的现场直播输出，提供全球直播信源保障。而华数 TV 网也因此作为官方指定的直播信源输出平台，将新闻提供给海内外所有网络媒体。

当然此次直播除了 PC 端之外，用户也可以通过华数 TV 移动端进行观看。而说到移动端，除了华数 TV 视频客户端之外，还包括手机电视、微信产品、联通、移动、电信运营商专网产品等，其中由于移动运营商加强 4G 建设以及虚拟运营商的推出等原因，手机电视业务一直保持高速增长的势头。

互联网电视作为最能体现其融合特征的一项业务，近年来一直是华数发力的重点。2014 年 11 月 18 日，华数互联网电视产业链上下游 150 余家合作伙伴云集杭州，对外发布最新的华数互联网电视 ZERO 版本及华数互联网电视生态共赢计划。

华数互联网电视携手索尼 PICTURE、富士通 DRM，打造 4K 拍摄、4K 剪辑、4K 编码、4K 分发为一体的 4K 产业链条，为用户带来真 4K 全新视觉体验。华数与杜比中国在视觉效果、听觉效果上共同为华数用户打造了中国最大的杜比内容专区，2 000 余小时内容底量，上千部杜比内容，保证真正的视听一体。

为了保证在苛刻的网络环境下华数互联网电视也可以取得优良的观看体验，华数还对播放器内核做了全面升级，对 CDN 节点做了全面扩容。在首届世界互联网大会上展出的华数彩虹音乐盒就采用专业高保真声音解析芯片播放音乐，从而使用户在家中就能享受到"发烧级"的音乐点播服务。用户也可以通过手机将第三方音乐软件中的音乐推送到音乐盒播放。未来，华数还会推出演唱会直播服务。

华数互联网电视对跨屏功能也做了全新的尝试。为了强化跨屏功能，华数推出了一款智能遥控应用——"华数小伙伴"。该应用汇聚了丰富的内容，如华数直播、点播视频、互联网视频，发挥不同设备屏幕的优势，打造小屏操控、大屏观看和随时随地想看就看的观看体验。当"华数小伙伴"与电视相互连接后，用户可以通过该应用控制电视上的直播切台和点播，还可以使用语音搜索功能，快速寻找节目。另外，"华数小伙伴"提供了无限容量的家庭相册，让用户随时随地上传照片并投屏到电视机上，与家人在大屏幕前分享生活点滴幸福。

除了常见的基于互联网、有线网推出的产品之外，电影分发网也是华数的关注所在。华数互联网电影院通过提供 2K 高清电影、4K 高清电影、高速宽带、专业放映设备，实现互联网电影点播服务，推动电影在百姓生活中的普及。除了高品质视听、EPG操控、多屏操控等优势外，其最大的特点就是内容新颖丰富：国内外最新大片实时引进，档期热播电影可以同步播放；可以播放通过审核但未在国内公映的影片，且授权播放的影片采用电影产业通用的体制、机制和加密技术，确保影片版权，同时优化了服务体验。

（三）打造智慧城市和数字家庭

在华数所试图构建的"后三网融合时代"中，多屏内容、家庭应用、智慧城市是蓝图模块，涵盖个人、家庭与城市三大使用群体，囊括有线与无线两大传输、接受方式，帮助用户真正实现"在云端"的生活图景。

因此华数努力打造以"云服务"为特征的智能城市和数字家庭。2014年，华数全面实施云梯计划，创新地推出了云电视、云宽带、云家庭和云城市平台，每个版块提供不同的专门服务。

例如，云城市平台主要用于为政府、行业、企业、社区提供云平台服务，实现电子政务云、便民服务云、城市安防云、智慧交通云、医疗健康云、教育科研云、中小企业云、电子商务云、文化出版云、旅游休闲云等服务，支撑智慧城市的全面发展。

而云家庭平台则连接运营商、社区、第三方服务提供商，实现家庭娱乐、安抚、健康、通信、教育等的全面普及，在数字电视服务的基础上普及安防监控、智能家居等全新的数字家庭服务。

这些尝试都围绕"智慧城市、数字家庭"的发展需要，不仅在数字电视时代的市场争夺战中为华数立下汗马功劳，也为新业态电视时代到来之后的服务体系构建与用户覆盖拓宽了道路。

三、技术创新融合：为一体化运营提供支撑

华数业务分布广泛，除了传统的广电业务外，华数还运营有线和无线宽带接入服务、电子政务信息化平台等业务，业务之间的融合必然会对华数的技术能力提出很大的要求。

基于此，华数在技术方面尤其是云计算方面的脚步从未停止过。2012年6月华数就联合浙大网新、Best Regent Group Hong Kong Limited 等共同发起组建浙江华通云数据科技有限公司，致力于云数据中心产业的发展，正式布局云计算领域。

曹强表示，覆盖全国的云计算集群、内容分发网、大数据平台、安全云平台将为华数的业务提供全面的支撑并服务于产业。

目前，华数在云计算方面的拓展已经取得了不错的进展，在 IaaS，PaaS 和 SaaS 三个层面都有着明确布局。在 IaaS 上，成立了独立的云数据中心，对所有平台进行运营支撑，并引入了外部资本作为未来独立发展的一条脉络；在 PaaS 上，初步形成了媒体云、转码云、游戏云和服务云四个平台；在 SaaS 层面，则包括视频、音乐、游戏、购物、出版、信息、支付、通信和阅读九大云应用。

目前华数云计算的很多技术还在试用阶段，离大规模推广还有一定距离，同样在商业模式上还需进一步完善，但前景是乐观的，这也让华数找到了前进的方向。

四、内容创新融合：强化一体化运营之核心

内容为王一向是媒体行业的根本法则，对华数这样的媒体运营平台来说，内容更是其整个产业的重要环节。华数很早就树立了有线电视运营商不是仓储和分发角色的理念，而更强调对内容的融合运作体系，近来更是集中在内容方面发力。

（一）原创：内容之根本

当用户的个性化需求不断增长，而影视剧内容又参差不齐，华数拿什么来满足当今用户透支性、饥渴性的消遣娱乐需求？原创内容就成了一个重要发力点，而这也是华数让自己区别于其他内容运营商的关键点。

华数传媒董事长兼总裁励怡青表示："这两年华数也尝试了各种模式，比如合作模式。我们通过资本市场的一些参股、并购大量的原创公司，进而形成一个跟华数传媒具有内容原创联盟的这样一种组织。"

2014 年 3 月，华数就宣布与美国探索频道 Discovery 传播公司成立合资公司，并运营"求索纪录"频道，双方将联合投资和制作展现包括历史、文化、科技、旅游、地理、人文等内容的高端纪录片，并通过 Discovery 覆盖全球 220 多个国家的渠道进行全球覆盖。

此外，华数针对平台上 90％的互联网原创视频，设置专业人员将其进行专业化的剪辑、分拆、包装，挖掘最热门的 Top 100 及 Top 200，使这些原创内容成为华数用户可以在电视机上享受的服务。

除了原创的节目之外，华数也在尝试与更多机构合作，丰富原创内容资源。2014 年 9 月 4 日华数与帝霸网络科技有限公司就世界电子竞技锦标赛（WEC 2014）开展全面赛事与多屏平台的运营合作。在此次合作中，华数绝不仅仅是对赛事进行转播，而是会参与到 WEC 2014 的品牌策划与执行、媒介策划与执行、活动策划与执行、线上增值服务的联合运营、版权内容分发、异业合作与招商等多个领域，使内容真正为自己所用。

曹强强调，未来华数还将打造影视、动漫、体育、音乐、纪录、时尚娱乐六大精品内容基地，让原创内容真正成为华数内容平台上不可或缺的部分。

（二）洞察用户需求进行内容呈现

面对海量的内容、多样的终端，如何将内容进行多屏、高效的呈现，发挥其真正的价值？了解用户的需求十分必要。

考虑到电视终端的体验和用户沙发前的休闲状态，华数提出了电视门户化服务的理念，来满足大多数用户电视机前的慵懒状态，通过 EPG 实现直播、点播、回放、营销活动融合打通。首先可以实现频道间的聚合，假如观众在看中央五套，华数会告诉观众 CCTV5＋、风云足球等频道正在播放什么内容并提供一键换台服务；其次观众可以对正在播出节目的主持人进行打分，也可关联主持人的服装品牌，并实现一键完成购买等服务。

同时华数运用互联网思维提供搜索门户帮助用户寻找内容。未来电视机前的用户都是互联网服务培养起来的受众，他们强调海量和个性，搜索的体验非常重要，华数新一代的电视服务在媒体门户的基础上强调以"搜索"为核心入口的搜索聚合，提供多条件组合式分类检索，特别是电视机输入的体验，支持智能语音搜索、手机跨屏搜索服务。通过搜索观众可以享受运营商提供的网内广电级高清高品质视频内容，也可以分享优酷、搜狐等互联网视频内容。

当然除了用户在电视机前的休闲需求之外，用户对个性化的需求也在逐渐增长。在华数看来，只有把大数据运用起来，个性化服务才能真正成为可能。所以华数把大数据和个性化服务作为核心运营过程中的指导思想，利用用户使用数据沉淀和外围数据整合形成的大数据价值，华数一方面依据大数据挖掘对整合内容进行深度策划，同时依据大数据全方位洞察用户喜好，精准推送关联，并提供工具让用户定制个性化门户。根据家庭构成，电视门户会随着成员的不同推送不同的门户，可以是儿童特色服务门户，也可以是女人特色服务门户。

五、产业创新融合：开放合作，打通产业链

融合经营中很重要的一点就是开放，只有开放的体系才能吸引更多的加入者，才能实现多方共赢。如果说网络、媒体、技术及内容的创新融合为华数的发展壮大打下了坚实的根基，那么与产业链上的其他公司的合作及在资本方面的创新融合则为华数的多元化发展带来了无限可能。

（一）多方引进合作伙伴

一直以来华数都以一种有深度的、开放的、多终端的合作姿态对待产业链上的其他参与者，诸如互联网企业、终端企业、通信运营商等，而非

完全由华数垂直整合上下游产业链。

首先，在传统行业都在喊着"狼来了"的时候，华数却积极谋求与互联网企业的合作，取长补短，以此来共享内容、渠道和用户资源。它与互联网巨头阿里巴巴进行了紧密的合作，在内容上与阿里巴巴的娱乐宝、文化中国等进行合作，在终端上无论是彩虹盒、天猫魔盒还是阿里云 OS 的联盟合作伙伴终端都会使用华数的互联网电视内容，这都成为华数扩大互联网电视用户规模的重要手段和渠道。

其次，华数还积极谋求与终端厂商的合作，其中最为密切的莫过于电视厂商，海尔、TCL、索尼等国内外知名的企业都在华数合作伙伴的名单之中。此外，华数还与摩托罗拉移动技术公司合作推出 HMC3260 Android 云计算终端，为其用户提供一系列创新的云娱乐服务。

除此之外，华数还积极与运营商合作来拓展渠道。目前华数集团拥有超过 2 000 万用户的全国最大的有线网络，同时华数互动电视内容服务已经覆盖全国除了西藏和海南之外的所有省、区，这样的成绩除了依赖于自身的渠道扩张之外，还离不开与广电运营商、通信运营商等长期的良好合作。

（二）创新资本运作模式

华数在资本市场上一直以来都较为活跃，之前就曾引入资金雄厚的阿里巴巴，在获得资金支持的同时，借助阿里巴巴的电商平台及支付系统，有效补充自己向互联网进军的短板。

除了与互联网公司的资本合作之外，华数也在行业内探寻融合创新的资本运作模式。2014 年 10 月华数与包括国家新闻出版广电总局广播科学研究院、北方联合广播电视股份有限公司、重庆有线电视网络有限公司、甘肃省广播电视网络股份有限公司、广西广播电视信息网络股份有限公司、贵州省广播电视信息网络股份有限公司、河北广电信息网络集团有限公司在内的十五家广电网络公司注资国家新闻出版广电总局广播科学研究院（以下简称广科院）南方分院有限公司（筹），注资金额已近 8 000 万元。

广科院南方分院有限公司（筹）将围绕广播电视网络、平台和终端技术开展各项研究，形成具有广电特点、满足网络运营商发展要求，兼具前瞻性和实用性的系列技术和核心专利，提炼总结出有线电视网络未来技术和业务的行业标准，形成有益的发展模式，并向全国广电网络公司进行推广。

广科院南方分院有限公司（筹）还将同时以"云电视系统""有线无线卫星融合""广电网络安全防护体系""数字家庭""家庭影院"为核心的一些重点项目为基础，充分发挥广电网络优势，推动新技术、新规范和新产品的快速应用部署，实现广播电视网络运营向集约化、规模化、专业化发展。

第七节　机构案例：从芒果 TV 看湖南广电融合布局

在新电视浪潮之中，湖南广电作为电视行业的老牌湘军，以芒果 TV 为主要抓手，在内容、渠道、技术等方面举全台之力实现融合，形成双平台带动、全媒体发展的新格局，通过产业升级优化芒果生态圈。

一、全媒体时代，融合志在必得

如今传媒行业正处在一个大洗牌的时代，全球化、信息化浪潮带来了传播的根本性革命，智能电视、云计算、大数据都在颠覆着传统的传播模式和商业模式，改变着传媒形态和竞争格局；另外，广电业广告营收遭遇新的挑战，互联网营销的倒逼，《中华人民共和国广告法》的严格实施，促使广电行业迈入一个不变革就面临淘汰的生存拐点。在此环境下，传统广电路在何方？如何继续保持广告行业的主体地位？

在一片争论声中，湖南广电独树一帜，率先走出了一条志在必得的融合之路，以新旧媒体的优势互补为自己赢得发展先机，一步步完善整合营销，逐渐升级拓展产业链，努力成长为"拥有强大实力和传播力、公信力、影响力的新型媒体集团"。

2015 年 12 月，在第三届中国网络视听大会上，湖南广播电视台台长吕焕斌表示，传统电视台的融合媒体之路只有两条：要么下决心做自己的平台，要么傍互联网大佬，把自己的定位缩小成一个内容提供商。湖南广电芒果传媒选择了前者，用互联网的办法做自己的平台，打造以芒果 TV 为品牌的新媒体，展开与互联网企业的正面竞争。

2008 年，湖南广电正式启用"芒果 TV"这一新称号，统一整合 IPTV、手机电视、网络视频、互联网电视几大视听类新媒体业务，形成合力，新媒体布局更加清晰。2010 年，湖南广电与芒果传媒有限公司同时挂牌成立。如果说湖南卫视是全台内容创新的引擎和发动机，为芒果 TV 的发展提供支持与动力，那么芒果传媒有限公司作为全新体制机制下形成的合格市场主体，则在理念、内容、渠道、管理等方面承担起融合发展及构建芒果生态圈的重任。

目前芒果传媒由 7 家子公司组成，分别是快乐阳光（芒果 TV）、快乐购、天娱传媒、金鹰卡通、芒果娱乐、经视文化和芒果互娱。这七家机构业务分别涉及融合新媒体业务平台、电视购物、艺人娱乐经济、动漫和互动新媒体技术开发等领域，行业独立，定位明晰，运营独立，相互之间又能形成互补之势。而湖南台要推动传统媒体与新媒体融合发展、带动整合营销，就势必要推动芒果 TV 这一旗下新媒体力量的成长壮大。

吕焕斌曾多次在内部会议上表示，要加快湖南广电融合发展的步伐，"以我为主，全面拥抱互联网，握指成拳发展芒果 TV"。作为芒果传媒融合业务的重要抓手，芒果 TV 在战略部署上得到了高层的支持，在内容、人才等资源上得到了最佳配置。由此可见湖南广电大刀阔斧融合转型的决心。

二、举集团之力，协同发展

对于大型传媒集团而言，融合转型并非一个新媒体子公司就能完成的任务，更是一个牵一发而动全身的"整体工程"。需要从内容、渠道、技术、管理、资本等多方面协同合作，合理配置。

（一）内容融合——强势内容驱动

湖南卫视作为广电行业的重要一员，其内容生产的丰富性及内容运营的创新力无疑在同行中处于领先地位。湖南卫视在内容上的优势自然地延续到了芒果传媒的内容运营中，母体够硬的主业优势、无条件的资源倾斜成为芒果传媒在融合发展过程中赢得用户、吸引用户的关键因素。

据统计，湖南卫视节目库存总量时长共计61万小时，其中自制节目总量为34万小时。芒果台的内容不仅数量多更胜在质量高，调查报告显示，2013年湖南卫视在亚洲媒体排行中位列第五，在中国地区排行仅次于中央电视台。依托母体而获得的互通资源成为芒果传媒面对传媒领域的大整合、大融合趋势的强势后备力量。

但是，一味地从母体——湖南卫视拿版权，或是简单地把传统电视的内容拷贝到新媒体平台上自然是不够的，传统电视媒体的内容生产方式和传播方式必须做出改变才能实现媒体融合发展，因此除了资源共享，芒果传媒启动了亿万级资金投入的自制战略，主动发挥自制力量，基于不同播出平台用户的需求，差异化且有针对性地定制内容或是购买剧本。

2014年时任快乐阳光总裁的张若波先生曾在接受《媒介》专访时透露，芒果传媒的团队已经开始参与到台里所有节目的制作领域，跟不同频道的团队共同制作节目，直接参与传统内容的制作。此外，芒果TV上也会播出部分电视未播花絮，将精彩内容编辑制作成3～5分钟的独家特辑，视频短小精悍也符合用户在互联网平台上收看节目的需求。不仅如此，芒果 TV 还成立了一支 10 人左右的团队专门挑选优质剧本，进行评估后决定是否投拍，然后联系有意向的导演和演员。2014 年 11 月 1 日，芒果 TV 首部自制剧《金牌红娘》上线开播。在 2014 年，湖南卫视、芒果 TV 双方共同投资 10 亿元用于打造 2015 年的周播精品大剧。

（二）渠道融合——多渠道跨平台分发

对于内容的坚守仅仅是芒果 TV 融合的第一步，打造"一云多屏，多屏开花"的全新传播生态，形成全媒体格局，把优质内容进行多平台、多方位、多渠道分发更为重要。一方面，芒果 TV 通过自建多样化的内容传输渠道，推出相关业务，加大对渠道的掌控能力；另一方面，通过合作积极拓展外部渠道，使其内容得到更为广泛的分发，完成多渠道、跨平台式的内容传播的变革。正所谓要想创造更大的价值，除了有内容，也要有更大的平台，既要用过去的平台，也要对接新的平台，用多元的渠道来保持内容生态圈的繁荣。

（三）独播战略，发力在线视频新业务

面对在线视频业务的迅猛发展，一直风光无限的芒果 TV 自然也不甘心当个旁观者。2014 年 4 月，湖南广电宣布以"芒果独播战略"为起点全力支持芒果 TV 发展，并在 2015 年全面启动，全网独播湖南卫视所有 IP 内容，包括经典栏目《快乐大本营》《天天向上》，王牌栏目《爸爸去哪儿》《我是歌手》等。

但是，由于起步较晚，和一线视频网站相比，芒果在线视频业务在用户体验、研发手段上仍旧有所欠缺，更没有 BAT 的大规模导流；但另一方面，不可否认的是出身传统广电行业的芒果 TV 更大的优势在于内容的创意来源于成熟的内容生产体系，更有多年累积的粉丝基础，这些特质都是传统的在线视频网站所不具备的。独播战略让芒果 TV 的优质内容在强势渠道面前拥有了议价权，占据了主动权。

（四）借力合作，抢占终端市场

终端设备作为与用户最直接的接触，和用户有着最为密切的相关性，因此，除了发力在线视频新业务，抢占终端市场也成为芒果传媒打造融合媒体的重要一环。与乐视或小米等企业打造闭环产业链不同的是，芒果TV走了一条"不通吃求合作"的差异化发展道路——硬件上"敞开怀抱"，合作一切能合作的厂商，让芒果互联网电视的强势内容和优质服务在各个渠道中脱颖而出，让其成为用户与终端之间的桥梁。

目前，芒果互联网电视已经与三星、TCL、长虹、海美迪、华为等多家厂商合作，形成了一系列的芒果家族产品：在电视一体机方面，与三星、TCL、长虹等推出了多款电视一体机；在机顶盒方面，已先后联手华为、海美迪、英菲克、亿格瑞、百度、清华同方、TCL合作推出了自有品牌芒果派、芒果嗨Q、芒果飞盒、芒果乐盒、百度影棒3等机顶盒产品，共计已经形成20余款产品。

（五）多屏联动，优化互动式服务体验

致力于渠道融合不仅仅要将优质内容分发到不同屏，更要通过提供交互性更强的服务将不同屏幕相连接，形成多屏联动。

2014年9月6日，芒果TV携手天娱传媒、QQ音乐联手打造了一场华晨宇"火星"演唱会电视直播，粉丝不用到演唱会现场就可以通过电视屏或是芒果TV视频网站直接在线收看演唱会，开启了全新的粉丝参与互动模式；2014年10月11日，在金鹰节互联盛典晚会上，湖南卫视再次创新多屏互动模式，首次使用了发源于互联网的"弹幕"方式，芒果TV的用户在收看节目之余可以通过手机、平板电脑等其他终端分享自己的实时心情到电视屏幕，传统意义上的观众变成了活动的直接参与者，真正做到了实时收看、即兴互动、自由点评，更实现了电视台和互联网技术的交融，当晚参与多屏互动的用户达到千万之多。

此外，湖南卫视推出了一款基于电视的移动应用"呼啦"，用户通过扫描湖南卫视的二维码，可以在多终端直接获取电视节目的相关内容及评论，针对不同时期的热播节目，"呼啦"上的互动活动也会有所调整。以湖南卫视的大热综艺节目《一年级》为例，"呼啦"联合微信推出了"你摇我捐"的活动，用户在收看该节目时，打开微信，对着电视摇一摇，该节目的冠名商便会进行不同金额的捐款。

（六）电视＋手游，整合渠道资源

2014 年芒果传媒成立了专门负责数字移动娱乐产业的新兴机构——快乐芒果互娱科技有限公司，它致力于整合湖南卫视庞大的 IP 资源，打造"电视＋手游"的新模式。

一方面，快乐芒果互娱科技有限公司会针对湖南卫视的每一档重点内容独立开发相关的游戏 APP，《济公活佛》《花儿与少年》《爸爸去哪儿》等手游产品都已成功推出，由于 APP 本身下载量够大，一款游戏产品甚至能够单独召开发布会，独立进行广告经营；另一方面，除了基于单档热门节目开发独立的游戏 APP，快乐芒果互娱科技有限公司还会针对单期主题节目开发相关的 HTML 5 小游戏，将内容细化，全方位整合渠道资源。

三、芒果生态圈优化产业经营

经过多年的精心耕耘，电视湘军可谓在融合道路上步步为营。从目前的数据来看，以芒果 TV 为核心的新媒体业务交上了一份不错的答卷。据悉，芒果 TV 移动端累计用户突破 2 亿，日均用户 3 000 万，日均访问次数破亿，互联网电视激活用户破 1 100 万，IPTV 业务在湖南地区覆盖超过 200 万家庭用户，人均单日观看时长达到 3.2 小时。在资本市场上，我们也同样可以看到业界对芒果生态圈的认可。2015 年 6 月，芒果 TV 完成 A 轮融资，实现投后估值超 70 亿元。

活跃的用户数量和强劲的资本市场也为湖南广电的广告营业收入增长

及产业升级提供了坚实的基础。

（一）内容营销：突破广告营收"天花板"

如今传统媒体的资源已经面临增长瓶颈，对于湖南广电而言，芒果TV的价值不仅体现在用户量、资本估值上，最直接的表现在于对广告营收的增加补充。2015年芒果TV签约广告额10亿元，较上年增长10倍以上，尤其是随着视频营销从流量时代进入内容时代，优质内容的潜力将进一步爆发。

在看到这样的行业变化之后，芒果TV在内容营销方面进行了全新的尝试，并且摸索、总结出一套全新的营销解决方案：芒果TV不仅仅是内容的购买方、播出方，还打造出芒果TV价值链营销模型，为广告主创造更大的营销价值。广告主与芒果TV合作，不仅可以获得相应的品牌曝光，还可以得到芒果TV的内容授权，利用节目内容尝试更多类型的营销活动。

此外，芒果TV还着手谋划产品体系，从塑造品牌和促进销售两个角度打造分支产品，帮助广告主进行内容营销。

在塑造品牌方面，芒果TV从记忆度和好感度两方面进行进一步细化，以用户使用行为为标准，分别针对用户的搜索行为进行IP百度专区授权；对话题的关注度进行IP微博话题授权；按照用户的观看行为进行专属定制APP开发及节目冠名包装；用标版、贴片、角标等进行曝光。除此之外，芒果TV还重点开发了两款新产品：一款是"灵犀"，"灵犀"的技术原理是将点打在一些产品或者明星身上，用户点击屏幕中的点便可以展开相关的广告信息；另一款产品是"易植"，"易植"可以在正片里把产品、海报、三维图形通过后期处理到正片中，从而有效利用现有视频资源。

在促进销售方面，芒果TV通过品牌联合授权，覆盖更多的渠道，包括电商、实体卖场，甚至尝试边看边买的新形式，真正实现"电视＋"的概念。

（二）产业升级：多元跨界整合

广告营业收入的增长是芒果 TV 为湖南广电带来的最直接的回报，但从更长远的角度来看，通过结合湖南卫视核心内容与相关新媒体产业形成联合，共同开发该内容产品的延伸产品形态，使价值链得到有序稳定的扩展，这一点更为关键。跨界整合是媒体融合背景下广电媒体产业经营机制创新的蓝海，湖南广电借助芒果 TV 不断创新产业经营机制实现转型升级、多元跨界，向全媒体转型。

虽说内容是芒果 TV 的优势，但是如果仅仅延续成功的节目形态却缺乏自主创新性，无法将内容形成版权，无法将节目版权进行链条式的开发，那么即使将内容做到极致，最多也只能将频道内容精品化，时间长了也只会故步自封，失去长久的生命力。将内容进行整合，并基于优质节目打造全新产业链，通过内容产品 IP 资源的开发将内容融合变为产品融合，再将产品融合升级为产业经营融合，为芒果生态圈提供源源不断的生命力。

以《爸爸去哪儿》为例，作为一档现象级节目，该节目不仅收获了超高关注度和社会热议度，芒果传媒更是基于节目本身将电视内容产品放大为电影、图书出版物、手游甚至智能硬件等新业态。超高的收视票房、可观的游戏注册用户数量都证明了芒果传媒从单一内容向多种产品的成功转型。